JN409411

반
추

손수여 시선집

문향이 머문 삶의 되새김

반추 反芻

도서출판 국보

반추 反芻

손수여 시선집

초판 인쇄 2014년 3월 8일
초판 발행 2014년 3월 13일

지은이 손수여
발행인 임수홍
편 집 박미영
디자인 한혜숙

발행처 도서출판 국보
주 소 서울 강동구 양재대로 114길 32 2층
전 화 02-476-2757~8 FAX 02-475-2759
카 페 http://cafe.daum.net/lsh19577
E-mail kbmh11@hanmail.net

값 11,000원

이 책의 판매수익금 전액을 장학금(기금)으로 씁니다.
대구은행계좌 010-8859-7933 손수여

ISBN 978-89-93533-70-5 03800

이 도서의 국립중앙도서관 출판시도서목록(CIP)은 서지정보유통지원시스템 홈페이지(http://seoji.nl.go.kr)와 국가자료공동목록시스템(http://www.nl.go.kr/kolisnet)에서 이용하실 수 있습니다.(CIP제어번호: CIP2014007329)

서문

나만의 색깔로 곱게 채색된 단풍잎 같은 시

꿈은 꾸는 자의 것이요,
잠에서 깨어야
이룰 수 있습니다.
간절해야 이루어집니다.

겨우내 얼어붙은 나목에서
새 움 트는 생명의
저 경이로움 앞에
세월을 거슬러

나만의 색깔로 곱게 채색된
단풍잎 같은,
만족스러운
시 한 편의 꿈을...

반추,
자신을 돌아보며
스스로 추스르고 다잡기 위하여
이 시집을 상재합니다.

갑오년(2014) 새 봄
문천지를 바라보는 진량벌에서　손 수 여 쓰다.

1부_ 만오

2부_ 반추

3부_ 화석

4부_ 석모도

5부 _ 번역시

작품해설

1부
_만오

소리못* 찬가

서라벌에 터 전한 구례마 할아버지
천추에 길이 빛날 효자공 이으시니
말미암은 우리 손문 창대하리라

우리글 만드시고 나라를 구하시다
청백리 되셨네, 3대 봉군 나셨도다.**
말미암은 우리 손문 겨레의 자랑

양동 마을 선조 음덕 오백년에 이어지니
대대손손 새 천년을 세계로 뻗어가네***
말미암은 우리 손문 대한의 자랑

소리못물 넘쳐흘러 문전옥답 이뤄내고
동대봉산 청솔 자라 거무숲을 이루듯
말미암은 우리 손문 창대하리라

---

* 행정구역은 경북 경주시 천북면 성지리이며, 경주(월성)손씨 양동마을 다음의 집성촌으로 시인의 고향임.

** 3대 봉군은 "훈민정음 창제에 주무관으로 참여하신 으뜸학자 士字 晟字 계성군(鷄城君) – 이시애난 평정 적개공신 昭字 계천군(鷄川君) – 청백리의 표상이신 仲字 暾字 월성군(月城君)"이시다.

*** 2010.7.31 국제연합교육과학문화기구(UNESCO)에 종택이 있는 양동마을의 세계문화유산 등재를 기념하여 종헌 '위선숭조' 정신을 일깨우고 후손의 자긍심 고취를 위해 쓴 시.

만오 晩悟 1 – 술맛이 짠맛

아버지는 "짜게 먹지 말라" 하셨다

진로상담사 세미나는
정보의 공유
지식의 재충전
신선한 만남이다

주선(酒仙)이 아니면
황제가 되고 싶어
임페리얼 둘을 삼경토록 몸에 넣은
즐거운 만남이다

자다가 깨어
찬물을 마신다
커튼을 열어젖히니
중천에 솟은 해가 강물에 우리어
낯을 붉게 한다

또
찬물을 들이킨다
밤새 마신 물 주량만큼인가 보다

술이 짠맛이란 것도
30년이 지난
이제사,
아버지 말씀을 깨달았다.

만오 晩悟 2 - 간고등어처럼

큰돌, 늦깨달음이다.
간고등어처럼 살고 싶다
남은 삶을.
육갑 떤단 가락질 받더라도
질곡의 시퍼런 세상 떠나
쓸개, 창자 다 빼낸 속 텅 비우고
육각 왕소금에 생살 절이는
쓰라린 세월 살아온,
홍어 같은 아내를
등 뒤에서 감싸 안는다.
간고등어처럼
너를 보듬고 싶다.

만오 晩悟 3 - 자식 꽃보다 이쁜 게 없제

울 아베 사실 적에
입춘대길 건양다경!*
현관에 들입 자(入)로 붙이고
개문만복래! 난간 위
봄바람에 나풀대더니...

봄빛 정기 어린 용월에**
용이 기쁨으로 오셨네.
"꽃이 이뿌지캐도
자식 꽃보다 더 이쁜 게 없제"
엄니 말씀
이제사 알 것 같다.

* '立春大吉 建陽多慶'

** 용월은 음력 3월이고 열이렛날 지웅 탄생.

망제가 1 – 무덤 앞에서

아우야, 뜨뿡아
형도 오고 아우도 왔다
속절없는 형제가.

몸은 빌딩 숲 아파트에 있어도
낡은 헌 옷처럼 훌훌 벗어 놓고
헐레벌떡 이렇게 마음만 달려왔다.
그냥 보고 싶어서.

꽃 사랑에서 회 한 점, 소주 한 잔도
이 못난 형 불러놓고 생전에 맛있게
먹던 그 얼굴이 떠올라
손에 들고 온 소주 한 병과
수루메에 식혜는
아우 머리맡에 두고 갈께.

잠이 깨면 드시게나,
미카엘 님아.

망제가 2 – 명당

열둘에 시집가더니

반세기를 덖이고 볶이며 살더니

먼저 갔다 구순 어매 앞서.

그렇게 끝난 갚음인가 알 수 없는 길

명당을 찾아간 걸까?

노모 가슴에 묻힌 그는.

핑계

이제 그만
떠나기로 했다
별나라행 타고서.

사랑,
깊이 파면 팔수록
빠져나올 수 없는 무덤이어서.

추억 - 그 날의 황소처럼

몇 해 전 춘분 날인가.

그 날 새벽부터 마을 사람들 곤한 잠 다 깨우며, 새봄을 탄 듯 발정한 앞집 암소가 미친 듯이 울어댔다

한낮이 될 무렵 울 집 황소와 그 집 암소를 몰고 나가 마을 어귀에서 한참 만에야 돌아왔다. 암소는 더 이상 울지 않고 마을은 다시 조용해졌다. 어른들은 장독간 펌프 물 퍼올려 손 씻고 마을회관 가겟집에 걸터앉아 막걸리를 나눠 마셨다. 그 날 저녁 앞집 아제는 교미의 대가로 콩 말은 좋게 한 부대를 울 집에 보내왔고 아배는 콩 한 바가지 듬뿍 넣어 쇠죽을 끓이셨다. 이날은 울 집 소도 나라님 밥상을 받았다.

춘분인 오늘 아침상에는 굵은 콩에 잡곡까지 넣어 정성스레 찰밥을 지었구나. 돌 같던 아내가 지 새끼 생일이라고. 특식을 받던 그 날의 황소처럼 내게도.

백목련 1

따사로운 일광욕
달빛 묻은 가지마다
봄바람 인연되어 화사한 면사포를
담 너머 기웃거리며 수줍은 듯 미소 짓네.

백목련 2

물빛 맑은 너,
이토록 희어
아침 이슬 햇살 빛
보톡스 맞은 얼굴
눈부신 속살은
설렘이 가득하다.

고고한 자태에 나직한 숨결로
은근한 향 내음 뿜어내며
살며시 사라지는
추억 묻은
한 줄기 꽃 비.

초승달

기다리는 임
하마 오려나.
호수가
수양버들 가지 끝에
걸리어
뜬 눈으로 간밤
꼬박 지새웠나.

칠흑 속
지난밤을
사무치는
그리움에
눈썹만 남았구나
으스름 밤
야윈 얼굴로.

고향집

어렴풋이 보인다
마을 어귀 들어서면
느티나무 가지 끝,
매미 울고 간
허허로운 빈 집터
울타리처럼 둘러선
감나무,
할배 아배 따 잡수시던
고목 가지엔
붉은 그리움이
주렁주렁.

마라도

대양 한가운데 섬으로 발을 내딛다.
오고 싶었지만
비바람에 번번이 돌아서곤 했던
마라도를,
정해 시월 열아흐레 세시 오 분
최남단아,
마라야
너에게로 왔다.

머리 위로 갈매기 쌍이
끼룩끼룩 합창하고
나래 춤추며,
길손을 맞는다
가시 손 선인장도 노랑 불 켜고
나를 반긴다.
'오면 가지 마라,
가면 오지 마라'
그 이름 그 전설이
너무 고와 슬픈 섬
천상에 떠 있는 한 덩이
무공해 천연의 섬이.

손 내밀면 잡힐 듯
바람이 먹다만 솜사탕
뱃고동 소리 따라 파도치는 억새풀
에메랄드빛으로 출렁이는,
차라리 먹구름 한 섬 몰고 와
떠나는 발길 묶어나 놓았으면.

월유봉

나는 달이다.

철 따라 갈아입은 황홀한 차림새
서해 대협곡 둘러선 병풍바위
하늘을 찌르는 용맹스런 비래석
황산인가 착란에 빠져
천 길 벼랑 끝에 선,
옥계에 멱 감는 선녀 훔쳐보다가
자신도 용소에 빠져
저 달이 머물고 갔다던,

내가 오는 달이다.

동백꽃

남쪽 바다 한 섬에
돛을 달고 왔다 갔다
고기잡이 지아비.

지아비 나간 뒤
해적에 쫓긴 지어미
검은 파도 속에 숨었더니

북풍한설 몰아치던
어느 날
눈 쌓인 무덤가

한 송이
붉은 꽃으로 피어나고
그 정절
시누대로 돋았네요
오동 섬에.

간월도

길은 간월도에서 저 혼자 걸어온다

천수만 섬 남쪽 끝
갯바위에는
겨울 나는 철새가
무학 전설 들려주네
간월암.

민물 때는
섬 사이로 내민 달빛 아름다워
간월도인데
물 빠지면 길은 저 혼자 걸어온다
갯가에 핀
바위 꽃 따다가 담군 어리굴젓
나그네 유혹하고
밥도둑 몰아가네

길은 서산 갯마을로 저 혼자 걸어온다.

관조 - 우포늪

그곳엔 늦가을 잡아두는 비밀이 있다

끼우
끼우 곤두박질하면서
겨울나기 준비하는 청둥오리
왜가리들...

허허한 가슴 보듬어주듯
키 넘긴 갈대숲이
온 몸으로 춤추며 머물고 가란다.
달빛 묻은
회갈색 몽울 머릴 풀어 헤치고
싸르륵
싸르르륵
맞장구치는
끼우 끼우우우...

어느새
황갈 잎새 너머 잎새에도
다시 새봄 재촉하는
샛노란 부릴 내밀고는,
지는 해 붉은 미련
호수 속에 감춘다.

적상산 늦가을

비로도 융탄자를 깔아놓고
귀인을 기다리다가
주선도 취하였나
불긋울긋 천자만홍.

밤 栗

욕심장이 외톨이
쏘옥 빼닮은 일란성 쌍둥이 형제
비집고 들어 선 세톨박이 자매들.

벌이 쏘고 갈까
도둑이 훔쳐갈까 봐
가시 갑옥 속에 숨었다.

그러다가 어느 날
주체 못하고 벌어진 널 보고
바람이 웃고 있다.

2부

_반추

반추 1 - 아내 잔소리

그녀 잔소리는 끝이 없다.
들어도
들어도.

까도
까도 끝이 없고
맵고 매운 아린 맛이다.

아낸 양판가 봐.
벗길수록 더 뽀얀 속살로
희게 웃는, 갈수록
단맛 나는 여자

몸에 좋다는 보약인가 봐!
쓰고 또 쓰고*
채우고 또 채워도
넘치는 마음.

---

* '苦, 用, 書'의 다의적 의미로 포괄한 말.

반추 2 - 용지봉에 올라서

동은
토함산
불국정토 석굴암

서는
팔공산
갓바위불 동화사

동에는
구지봉이
찬연한 문화
서라벌 꽃 피우고

서에는
용지봉이
새 천 년
달구벌 지킨다.

나는,
서라벌 나서
달구벌 산다.
용지봉에 놀다가
구지봉에 잠든다.

반추 3 – 가슴 속 남은 그리움을

바람이 분다.
바람 이는 바람 속으로
걸어간다.
고향 길 곧은 밭담울 따라
바람 부는 언덕길에 오르면
바람이 저만치 따라와
길을 막고 서 있다.

성지에서 동산까지
책 보자기 둘러매고 걷던
개울가 봇도랑 길에도
오늘처럼 똑같은 바람 불어왔다.
바람 소리와 풀 내음 향기마저도
그 날에 불던 그 바람,

개울도 변함없는 그 개울이건만
지금 내 곁에 있는 건
빛바랜 추억만 남아
지난날 어깨동무 했던,

스케이트 지치다 못에 빠졌던
소리 못 둑 바람 속을 거닐며
무시로 그려내는 낮달 걸린 사연에
곰솔로 흔드는 바람
가슴 속 남은 그리움을
바람으로 전해볼까.

반추 4 - 욕망 1

잘라도 돋아나고
뽑아도 생겨나는
그래서
끝이 없는.

버린다면서도 집착하고
비우면 어느새 채우고마는
도무지
알 수 없는.

반추 5 – 욕망 2

잘라도
잘라도
돋아나는 새싹

비워야지
비워야지
참선으로 닦아내지만

내 안에
깊숙이 박힌
뿌리 뽑히질 않네.

내 그림자와 이별주 마시는,
그 날은
온전히 뽑아버릴 수 있을까?

반추 6 - 욕심

싹 잘라도 돋아나고
뿌리 뽑아도 생겨나는

도솔천 건너도 그림자처럼 따라올까?

반추 7 – 수여 : 물같이

물이고 싶다
나는.

번쩍이는
칼,
서슬이 시퍼런
그런 칼날로 잘라 놓아도
둘이 하나 되고마는
물같이.

생명체의 물,
이왕이면
잡것이 섞이지 않은
맹물같이*.

어쩌다가
바위에 부딪히면
비켜가는 물,
순리를 지키는
물같이.

그렇게 살고 싶다
나는.

---

* 심산유곡 노래하며 흐르는 물이나 도처에서 받아들인 바닷물도, 황량한 사막 오아시스 물이 아니더라도.

반추 8 - 낙엽 1

인고의 삼동설한
까닥까닥한 껍질 깨고
노오란 부릴 내민다.

이슬 머금은 너
봄 햇살에도
복숭아 볼처럼 수줍다.

삼복염천을
꿋꿋이 서서
갖은 시름 이겨내고
꿈 키웠던 너,

그 꿈 한 알 도토리 이루고
힘겹게 달랑대던 너,
바람결에 이리저리
바삭바삭
죽어 못다 이룬 꿈
내일을 기약한다.

떡갈나무 숲 지나
능선 따라 솔숲 터널
너 밟는 소리에
귀가 열린다.

벌써
반백(半白)된 머리
뒹구는 너 될 날
며칠이나 남았을까.

소망 하나 담고
어제 간 네 넋
오늘 나인가?

반추 9 - 낙엽 2

프라타나스 푸른 꿈이
영글어
황금빛 되던 어느 날
진실을 감추고
갈색으로 우수수
뚜욱 뚝!
길가 싸늘한 벤치엔
계절을 잊은
노숙 홀아비가 앉아
밀려오는 졸음을
죽음인 양 쫓고 있다.

반추 10 - 보문호에서

호수변
녹음 짙은 가로수
산책로 따라 얼마를 오다가
머물렀던 곳을 돌아본다
멀어진
뒤안길은 아련한데,

여명의 고요는
호수 맑은 물속에
산영(山影)을 담고 있는데,

중턱을 넘어선
회한(悔恨)의 그림자
추억 속에 선연한데,

이제
남은 길은 얼마드뇨?

반추 11 - 억새밭에서

난 어욱새
바람은 내 벗이다.

스걱 쓰르륵!
스걱 쓰르르륵!
제 키보다 높은 하늘 흔들며
칠흑 속 윙크하는,
별들의 밀어
토해내는
저 잿빛 아우성을.

난 어욱새
바람은 내 벗이다.

반추 12 - 파도

끝이 보이지 않는
망망대해(茫茫大海)에서
푸른 해원의 꿈 실어
너울대다가
그 분노 하늘을 찌를 듯
어느새 다가와서는
반짝이는 빛
금모래 앞에서는
한 없이 약해지는
그대,
흰 이빨 드러내고는
자지러질듯
웃음 짓고 가는 너,
그 모습 영원하여라.

반추 13 - 억새 살이

무딜던 밑둥치
화염지옥 해탈하고
둥지 틀어 내민
연두빛 부리
살얼음 비친 그림자
바람결에 세월 씻고
그날,
미친 바람에
흩날린 푸른 넋이,
된서리 칼바람 속 꽃이 되어
백발의 갈기를 세워
몽실몽실
떠가는 구름처럼.

3부

_화석

화석 1 – 향일암 가는 길

향일암 가는 길
지금은 금오산,
태초엔 바다였다.

바다에서
용왕님 사랑으로
백 년을 살았다.

뭍 세상 궁금하여
솔에게 놀러 왔다가
봉황도 보고 토끼도 만나 돌아가지 못했다.

산에서
신령님께 기도하여
천 년 바위 되었다.

나는
금오산 천년 거북이다.

탑사에 가면

굽이치는 섬진강 용출한 백제땅을
앞만 보고 머리 숙인 채
임이 타고 달려오신 말귀 닮은
쌍봉우리 계곡 양지 마을엔
연화좌불 옥탑,
하늘 불러 인간도리 일깨우고
서다속금 계율설법 법문도량 일으켰네.
관음보살 미소 짓는 대웅전 뜰에는
암 마이 휘어감은 육백 년 능소화
나라님 오시는 길을
목 빼 올려 기다리는 넝쿨손은
나그네 발길 묶어놓고
바람도 세월도 쉬어가라네.
무상타,
노승의 뜻 말미암음 찰나가
엉섥힌 속세 인연
영겁으로 환생하네.

보리암

옛날엔 그 이름 보광산이었다
보광사가 있던 산
부처님 뫼신 곳
대웅전 뒤
범바위 산신령이 지키고 있는.

앞에는 남해 바다
용왕님 계셨네.
경내의 삼층 돌탑을
물욕 없는 마음으로 발원하면
참깨달음
어느새
가슴 속에 와 있네.

백일기도 수행정진
소원을 이루었네
조선왕조 이태조

현몽 일화 양 설화
뿔 빠진 데 꼬리 빠져
무학대사 해몽 말
"위천하유아독존(爲天下唯我獨尊)"
영원한 기도 도량 이 산을
비단 옷 입혀라.

비단옷 입는 순간 화려할 뿐,
붙인 그 이름 영원하네
금산(錦山)

소원 하나 가슴에 담고
양초 한 갑
공양미 한 되
오늘도
성불 발걸음 끊이질 않네.

화석 2 - 인연

동해 바닷가
지친 중생 쉬어가는
휴휴암,
관음보살 누워계신 곳,
남순동자 마주보고 앉아
거북이 되어 천년을.

백구 떼 똥 눈 데
때 묻은 갈까마귀 와서
또
더럽히고 갈까 봐
바위 연꽃도
주저앉아 지키고 있다
쪽빛 동해물이 마르고 닳도록.

바위로 살고 싶다

아무리
오래 되어도
썩지 않는
그런 바위처럼 살고 싶다.

해수관음불
남순동자
봄
여름
갈
겨울 할 것 없이
저 바다에 누워
씻고
또 씻은
깨끗한 몸
순수한 마음

아무리
오래 되어도
변하지 않는
그런 바위로 살고 싶다.

자족 自足 1 - 수도산에 올라

세속 인연 등지고
무량수 대적광전
자비광명 비로자나
끝없는 진리 찾아
더벅머리 삭발하고
걸쳐 입은 마의장삼에
입문한 상좌스님
법문 다 깨우치고
중생 업보 씻어주오
파란 정맥 드러낸
두 손 모아 예불 올리니
적막산사 풍경소리
영혼에 파문 일으키고
그 속에 내가 있어
부처가 따로 없네.

공양실 허기진 배 채우고
대웅전 아래 식수대
한 잔 물로 목 적시니
이것이 감로수로세
등산로 산등성이 오르는데
물안개도 따라오네
발아래 계곡에 있던 것이

어느새 풀어헤친 머리
광란된 몸으로
눈 앞 가로막는 운신(雲神)이여,
산은 잡목 속 겨울잠 깨려는 듯
산수유 노랑 불이
새 봄 재촉하고
그 속에 내가 있어
신선이 따로 없네.

자족 2 - 작설차雀舌茶

까닥까닥한 껍질 깨고 나온
노란 부리 너,
화염에 덖이고 볶여
보기에도 안쓰러운
연초록 생명 너를.
한 숨 죽여야
비로소
제 몫을 찾은 너,
열병으로 오는 세상사에
덖이고 볶임도
숙명처럼 완숙한 너를 위한,
구사일생이
바로 너였구나
이제서야
깨달은 내가 서럽다.

자족 3 – 새아침 메시지

새해 오름 으뜸 날
똑
또옥 똑!
복 들어가요

행복계좌로
사랑을 자동이체하는 날
출금은 언제나 가능하고요

행복할수록
이율은 높고요
비밀번호는
당신의 웃음이래요

잠

잠도 뿌리가 있나 봐?

실컷 잤다, 뿌리를 뽑으려고.
장맛비에 이틀을 꼬박 잤는데
또 잠이 오나니…
뽑아도 금방 돋아난다.
다년생인가, 끝이 보이질 않는다.

잘수록 더 오는 잠, 내가 수험생이가?

비우면 채우고 마는
욕심!

잠도 욕심인가 봐!

풍경 風磬

비워서 보여주고
비워야 들려지는
앙상한 뼈대만으로
추우우욱
늘어뜨린 심장 하나
달랑을 매달고서
비우고 살라하네
뎅그랑
뎅그랑 데앵

이리저리 바람 따라
이곳저곳 울려주는,
그 골에서 저 고을로
땡그랑
땡그랑 때앵
비워서 들려주고
비워야 보여지는.

무덤

할 말을 다했다
문장을 끝낸다.
그러나
다하지 못한 아쉬움,
그리움.
비밀을 가슴에 묻어 둔 채,
그러고도
땅 속을 파헤치고
관 속에 숨긴 몸을
흙으로 덮은
큰 점 하나.

영원한 덮움,
절대 비밀 보장!
삶의 마침표이다.

바람은 마음 같다.

마음은 바람 같다.
바람은 불어오기를
기다림이요,
이루어지길 바라는
간절함이고 희망이다.

그물에 걸리지 않는 바람처럼
눈에 보이지 않고
손으로 잡을 수도 없는
안 가는 데가 없는.

방사능 담은
바람[風]이 오지 말기를
바람[希]은 마음 같다
마음은 바람 같다.

둥지 - 비슬산 성소품 공예

생명이 있는 곳에
물이 있듯이
밭이 있는 곳에
씨앗이 있듯이
둥지에는
생명 틔울 사랑 있었네.

씨 뿌리고 김 매는
농부 손처럼
영원한 안식처 이룰
마음 텃밭 가꾸었네.

산새 우짖던 비슬자락
노송가지 위 물어다가
까막까치 보금자리
생명의 신비 숨었네.

기둥 세워 서까래 친
큰 둥지
도성 선사 관기 스님
일천 년 인연 지어
원앙 넷 깃들었네.

셋에 하나로는 모자라서
여근바위 삼신께 빌어
조물주 남근 베끼셨네.

아니 살겠노라 외톨이 제 모습
서러움에 겹도록 혼자는 싫어서
붙인 두 쪽 온전 하나 이루었네.

둥글게 둥글 모나지 않게
지아비 지어미 되어
연꽃같이 살겠노라 맹세한
행복 담은 옹가지

설빠지잖게
끼움새 공그려 만든 것에도
원초적 본능이
신비 생명 탄생시켰네
생명이 있는 곳에
물이 있듯이.

청령포 회심

물안개 자욱한 외딴 섬 청령포에
서강 물 달빛 담아 세월 따라 흐르는데
기암절벽 못 넘은 자규 목 놓아 울어대니
한(恨) 서린 애사가 솔바람 타고 들려오네.

피맺힌 한,
노산대 새벽안개 잠이 든들
침소 전 노송 두 충절 눈 뜨고 볼 것인가
허리 굽혀 하명 기다리는,
음독 고통 뒤틀린 형상을
하늘 뻗친 관음송
떠가는 구름 앞에 육백 년을 통곡하네.

청령포 달그림자 옛 일을 떠올릴까
동강 떠난 빗돌엔 수양 한숨 들려오네
장릉에 핏빛 단풍 된서리에 저리 붉나
그 임의 맑은 시심 잠든 영혼 일깨우네.

우공 牛公 - 소가 웃을 일이다

태어났다. 돈덩이라 반기네요 금송아지처럼.

어미 되면 온갖 일 시킨다. 밭 일구고 논 갈아 먹거리 심어
한 짐 싣고 돌아오네요 살아서는 주인 집 큰 머슴.

어느 날 운명이 다하는 날
간 천엽 쓸개 대장 막창 오장 육부
살, 뼈와 가죽 난도질을 당하는가.

전생에 무슨 죄로 아귀지옥 걸려
화롯불, 숯불 위에 앉아 천 사람에 회자되는가.

달궈진 장작불 가마솥에 걸려 만 사람 기력 돋우고
엄동설한 몸 가림, 수만 리 발 지킴이 끝없는 공덕 닦는가.

잔인한 게 사람인지 어진 것이 소인지
미련한 인간 그래도 점잖은 우공인데,
느린 사람에게 하는 말
야, 이 소야!

사람아
삶[生]이 무엇이더냐
땅위에 선 내 모습을 보라.*

소가 웃을 일이다.

---

* 한자어 "삶 생(生)"은 "소(牛)와 한 일(一)"의 결합이요, 한 일자는 땅, 소가 땅위에 서 있는 모습이다.

애마!

언제나 주인만을 기다려주고
어디를 가더라도 불평이 없는
그대 사랑하는 갈킴 말 애마!

십년을 하루같이 달리고 달려
내 조국 내 강토를 물구름 실어
이십사만 오천 킬로, 육십여 만 리
열정을 쏟아내니 고마운 말아!

너는 무생이라도 나면서부터
많은 이름 있지만, 연분 가지려
달빛을 노래 불러 쏘나타였다네.

SONATA!
언제나 날 반겨 부르네.
"SON-A-TA"
어서 나를 타고 달려달라고.

생각을 바꾸면 – 다들힘내

생각을 바꾸면
세상이 달리 보인다.

참 좋은 세상으로
내가 세상을 바꾼다.

'내 힘 들 다'
거꾸로 읽어보라

'다 들 힘 내'

나를 바꾼다
참 좋은 세상으로.

세상이 달리 보인다
생각을 바꾸면.

바위가 되고 싶다.

나는
바위가 되고 싶다.

계곡에 서서
폭풍한설에도
끄떡하지 않는,
바다에 서서
루사가 다가와도
매미가 울부짖어도
꼼짝 않는,

그런 바위가 되고 싶다.

해수관음불
남순동자
서로
바라만 보고
말 없는 미소로
믿음 일깨우는,

나는
그런 바위로 살고 싶다.

4부

_석모도

석모도

가고 싶었던 곳,

날 저무는 저녁 하늘 보고서야
노을이 아름다워 붙여진 섬인가?
보문사 와불상 뵙고서야
석가의 깨달음 전해주는 곳일까?

갈대 육송이
바람 부는 대로 이리저리 나불대다
뭉게구름 따라 떠돌다가
뿌리 둥치로 돌아오는가!

우리의 황혼도
이 섬의 저 노을이었으면.

변명 – 산에 가기 싫어서

이런 남자 산에 간다
피우던 담배 끊고
마시던 술 끊고
즐기던 여자 끊고
잘 먹던 밥 끊으면
이런 남자 산에 간다.

내가 밥도 먹고
아직도
술과
여잘 못 끊는 것은
산에 가기 싫어서이다.

중독 – 줄긋기

창호지에 먹물 번지듯
한 일자 그어놓은

순대를 짜르르
빈 속 가르는 참이슬 한 잔.

밤꽃

나뭇가지에 자벌레가
매달려 있다
징그럽게
땅바닥에도.

누에가 몇 잠을 잤을까
비단 옷 만들려나.

달리는 길에
스치는 풀내음
애애한 그 맛

날랑 감미롭다면서
아담이 유혹하는 걸까
지나가는 아낙을

어떻다 여기실까
도리는
그 아릿한 꽃맛을.

깃발

에베르스트산
너는 호걸인가
신비의 여인인가?

아름답고 섬세한 자태는 여인이요,
장엄한 기세는 영웅이다.
널 정복하려는 자
예나지나 동서양 따로 없고
성별노소 구분도 없다.

콧대 높은 너,
절세가인답게
그 많은 세월
자신을 용케도 지켜왔다.

그러나
청춘의 열정 앞에
꺾이고 말았다 너,
드디어 순결을 잃었다.

천년을 지켜오다가
한 순간에 당한 너,
주체할 수 없이
나부끼는 정조대!

그것은
정복자의 투혼인가
말 없는 아우성인가!

늦가을 강천산

조물주 시기인가
화신이 노하였나
불질렀나
활활 타는 산.

해변 문학제*

모였다
하얀 물보라 튕겨쳐 오르는
해변 백사장으로
방방곡곡의
모래알 금싸라기들이,

미쳤다
이음(異音)이 동성(同聲)으로
이체(異體)가 동심(同心)되어
언어의 마술은 시가 되고
섬세한 손놀림은 그림으로
목소리에 실린 가락은 노래로.

젖었다
영혼이 흠뻑
바다의 구름
구름의 바다가
다가온다 너울춤으로
어느새
나는 바다가 되고
바다는 내가 된다
하늘도 감동하였나

눈물을 질금
질금.

시와
그림과
음악이 있는 마을
은하수도 숨어 버린 깊어 가는 밤
가랑비만 오락가락.

---

* 2007.7.27(토) 늦은 6시부터 11시까지 포항 영일대해수욕장 백사장에서 열린 예술인의 축제 한마당 참관시.

운곡서원*

운곡의 사계섭리 피어나는 구름풍광
곡조는 애절사연 산야를 흐르는데
서경의 옛 임 어디 다도보살 공덕인가
원컨대 뜬구름처럼 막힘없는 여로를.

千年의
빛난 사직(社稷) 은은한 신라고토(新羅古土)
五百의
조선왕조 한 자락 권문세도
피어나는 구름골 흐르는
애절 가락
작설(雀舌)의 그윽한 다향
가는 발길 멈추네.

* 행정구역은 경주시 천북면 화산1리에 위치하며, 경주시 강동면 국당리와 경계에 있는 곳으로 안동 권씨 태사공을 배향한 서원이다.

한산도에서

평화로운 한산섬
어제 달빛 되비치고
수루에 찾은 후손
충절을 다짐하네
이 강산
지킨 임의 뜻 억겁만년 빛내리.

독도야!

긴 긴 날을 얼마나 애 태웠던가?
저렇게 시커멓게.
전생에 무슨 죄로 태어나는
고통을 안고서
온갖 설움 다 겪고서
외딴 몸 의엿한 쌍둥이로.
원수 같은 놈들
제 집 가까이라서 제 자식인가?
양자 서자 취급도 않으면서.
말도 안 되는, 대[竹] 한 포기 없는 땅
다케시마[竹島] 어쩌구 저쩌구
번드르르 하는 말장난에
얼마나 속이 타들어갔나?
저렇게 까맣게.
온갖 시름 다 겪고서,
외롭지만 의연한 형제
이란성 쌍둥이로.
천 년 또 넘어 불사조로
넌 영원한 대한의 아들.

석모도* 해넘이

물너울에 타오르는
불꽃같은 저 저녁놀

용비갑(龍飛岬) 깎아지른 절벽
무너지는 파도소리

때리고 부서지는 물결 너머
돌아서는 일몰이여.

---

* 석모도 어원 탐색

1) 물이 돌아 흐르는 곳에 돌이 많은 산변의 모퉁이란 뜻으로 석우도(石隅島), 돌모르라 하였는데 돌모르를 한자로 표기할 때 음만 같은 석모로도(席毛老島)에서 석모도(席毛島)로 칭한 듯하다. [신편강화사, 강화군에서 – 강화군 문화재팀 윤승희 학예사 제공]

2) 손수여 견해[2010.4.24 :국어학자, 시인, 수필가]
한국 불교 3대 관음기도 도량인 보문사의 유래, 즉 "낙가산(洛迦山)"의 지명이나 바다, 용궁으로 인연한 불상과 나한상 22구를 석굴에 모신 것으로 말미암을 때, "석몰도(釋沒島)" 등에서 그 어원을 찾아야 마땅하다. 특히, 신라 선덕여왕 14년(635)이라는 명확한 기록은 정통성을 가진 것이어서 객관적이고 합리적 설명이 된다. 하지만, 우리나라 심장부인 경기의 빼어난 명소 강화 8경 중 으뜸인 석모도는 저녁노을[낙조落照]이 아름다워 붙여진 이름으로 한자 표기가 "夕暮島"라야 더욱 설득력을 갖고 관광객 유치에도 한 몫을 할 것으로 기대된다.

엄마의 기도

오늘은 그날, 수능절이다
성당도
교회도
어느 절도 아닌
교문밖에 서서
마을 어귀 당나무 아래서
서낭당에서
갓바위 앞에서
초 한 자루 밝히고
지문이 닳도록
엄만 빌고 있다
종일토록 떠날 줄 모르고.
백팔 배…
일천 배,
삼천 배를.
오늘은 수능절*,
그날이다.

* 대학 수학능력시험 치는 날을 가리킴.

노을 스케치

하오 일곱 시
붉은 광채로 우리어 퍼지는
서쪽하늘 시커먼 구름 속엔
가슴앓이 사연에 얼굴 묻은 해님이
한동안 기웃거리고 있다
일찍 눈 뜬 이 찬란한 새벽을 보듯이.
떼지 못한 시선 황홀해지는데
왼녘엔 청룡이 솟구쳐 오르고
바다 위 분출한 활화산 하늘을 물들인다.
어느새
하늘만한 화선지에 동그란 빨간 점 하나
찰라를 멈추곤 숨어버렸다
찍사는 순간 포착 기술 있지만
시인은 말을 잃고 벙어리가 된다
떠나는 아쉬움 그 임도 알고 계실까?
넘어가려다 말고
한참을 그 자리에 멈춘 모습
수줍어 붉혀진 얼굴을.

금오산 金烏山, 그 아니 명산이던가

능선마다
이 산성 지키다 그 때,
충의용사 흘린 피
진달래꽃으로 피었네
회한의 그 날 잊은 채
망울 터뜨린 목련꽃
피어나는 새아씨 가슴인 양,
함박웃음 자지러질 듯
버찌꽃 유혹하네.

골골마다
겹겹이 쌓인 돌 틈 사이로
정겹게 흐르는 물은
시샘 많은 연인의 귓속말처럼
졸졸 졸졸졸
정갈한 자태 뽐내듯 속삭임
쪽빛이끼 낀 바위
세월의 무상함 말없이 일러주네.

고개 들어 바라본 곳
감싸안은 병풍바위
부처님을 모시었네
윤회인연 말미암은

해운사 대웅전
길재선생 수련하고
도선국사 득도하니
그 아니 명산이던가
천 년 전설 머금고
나라님 잉태한
금오산 정기
만고에 상청하네.

착란 – 나이아가라 폭포

지구상에 축복받은
땅 어디 있나
백두산 천지.
또 어딨나
나이아가라폭포.
백두산 천지는
차이나와 코리아 갈라놓고
나이아가라는
아메리카와 캐나다를 가로 지른다.
어느 쪽에서도 웅장하고 아름답다
미국을
다리 너머 캐나다에서 바라보면
또 다른 감격이다
더욱 장엄하다.

배를 타고 강으로 들면
폭포 낙수 하도 커서
떨어져 튀는 물은
소낙비 내리다 개인 건지
빗줄기 너머 이글대는 태양
하늘과 땅 새 칠색 무지개
개인 날
소나기가 내리는 건지

허리케인 지나가는 건지
그런 착란을 아십니까?

어찌나 시원스럽게도
때리는지
한 줄기 맞으면
신비의 원력 샘솟아
산 자가 죽지 않은 건지
"나아가 가라!" 한국말인 건지
...불로장생이란 건지
자다가 눈을 뜬 건지
눈 뜨고 꿈을 꾸는 건지
이런 착란을 아십니까.

황산 예찬

서해대협곡(西海大峽谷)은
운해(雲海)
기송(奇松)
괴석(怪石)
천하 삼절을,

보는 순간
넋 나간 머리에,
벌어진 입 다물지 못하는데
무얼 말하리
어떻게 쓰리.

운무(雲霧)에 혼돈(混沌)
선무(仙舞)에 취하여 시심을 잃고
시인의 칭호를 앗아갔다.

항주, 서호 西湖에서 느낌표만 남긴다

일천 년 전 당송 팔 가문
으뜸 부자* 자적한 곳,
누천 년 사직 위에
오고지고 보고지고
찾고 또 찾아 온 낙원,
용호(龍湖)에 비친 달 그림자
'허얼(虫二)'** 탄식 뿐,
다시 천 년 후
서호 찾은 해동묵객
골 고을 담긴 고사(故事)
호반 가득 넘실대는 전설을
적벽부 선험 대리만족한들
볼수록 진기하여
물음표 하나 찍어 놓고
표현 대신 입 벌리고 서서
침 한 방울 흘린 모습,
느낌표(!)만 남긴다.

---

* 소동파 선생 3부자(소순 蘇洵, 소식 蘇軾, 소철 蘇轍)를 가리키며, 3소로 불리기도 함.

** 서호는 강희 황제가 여섯 차례나 찾아왔고 호수에 비친 달그림자가 너무 아름다워 건륭황제도 '허얼(虫二) 풍월무변(風月無邊)' 탄식 외에는 말문이 막혔다는 고사에서 비롯됨.

변명 - 그냥 선물 없이

빈손으로 그냥 돌아왔다.

신라엔 계림으로,
600년 전 우리 땅 경상도
대마시!
부산에서 백여 리*
면암 선생 충절 서린 곳**
덕혜옹주 한 맺힌 눈물이
쓰시마 앞 바다 너울로 일렁이고
그 영혼
새 봄이면 봉축비를 지키는
무궁화로 환생하시네.

산성 언저리에 마주 보는
말 전설로 남은,
대한의 자존심 세우려
오늘 내가 왔다
수성인 증인되어.

내 나라에서 저것 돈
쓸 수 없어서
그냥
선물 없이

빈손으로 돌아간다.

---

* 대마도는 부산에서 해상 49.5 km이다.

** 면암 최익현 선생은 대마섬 유배 중에도 왜국 땅을 밟지 않으려고 한국 흙을 담아 가서 신발 속에 넣고 왜인들의 통치에서 벗어나려고 그들이 생산한 곡기를 먹지 않고 순직한 곳이다.

5부
_번역시

바닷가 모래밭에 가면

바닷가 모래밭에 가면
울 엄마가 거기 계셔요.
열아홉에 아배같은 신랑이더니
서른 여덟 홀로 외길을
큰 소 몰고 논밭 일 샛별 보고 나가
소꼴 한 짐 이고 달을 업고 들어오시던
억척 장골 월산 아지매,
머언 먼 고난의 길
장엄한 몸짓으로
거친 숨을 몰아가며
세찬 파고 고비고비 넘어
굽이굽이 달려와
반기는 자식 품 모래밭에선
지친 몸
흰 이빨 드러내 거품을 토해내시던
당신의 모습,
지천명이 훌쩍 넘어서야
비로소
어렴풋이 깨달은,
다섯 남자 종지기로
저렇게 살다가신
울 엄마가 그립네요
파도가 밀려오는
바닷가 모래밭에 가면.

On the seashore

On the seashore is my mom.
At her age 19 she had married a guy, much older than her.
From her age 38 after he passed away, she had been working so hard, cultivating farmland with a big cow under the early morning stars and returning home setting the feed for the cow on her head under the moonlight.
She was quite a woman named Mrs. Wolsan[1] at a county fair.

Muddling through the betters of life
with solemn motions
heavy breathing
severe height of the life wave
getting through the crucial moments

rising tide, meandering
returning to the bosom of her welcoming kids on the beach
with her tired body

My mom is like the white seething surf,
falling exhausted along the seashore.

Over my age 50, when I come to the seashore, roaring the waves
I now miss my mom, getting a glimmering of her lifelong labor,
for protecting her five kids all alone herself.

---

1) the name of a place where she had been living

반야사에 가면

문수보살이 웃고 있었다
입꼬리 보일 듯 말 듯 미소 지으신
마음 바다 속 들여다보는 환한 미소
세상 어디에도 얻을 수 없는 웃음을

삼층석탑이 웃음 지키는 그 뜰엔
미소 먹고 자란 오백년을
고운 살결 배롱나무도 춘흥에 겨워
고요한 달이 뜨면 배시시 웃고 있다

염화미소 간절하게 바라보면
무거운 속세 오만 시름
물한계곡 맑은 물에 씻겨
솔바람에 묻혀 구름처럼 떠나는 것을.

At Banya Temple

Munsubosal[2] is smiling.
Barely visible through the corner of his mouth.
A bright smile looking through the sea of mind.
Nowhere else we could ever see.

The Three storied Stone Pagoda keeps it in the front yard,
the fine skin twigs of the Barong Tree are also grinning,
overjoyed with the charms of spring
under the serene moonlight

a desperate look to the smile of the budda
a tons of troubles from the heavy world are washed
by the clear valley water falls,
fleeting like a cloud with the wind of pine tree.

---

2) the name of a budda

함벽루 涵碧樓에 올라

묵은 천년 대야성(大倻城)에
죽죽이* 남긴 충절
의연한 기개가 돌비로 남아
장구한 세월은
황강 따라 도도히 흐르는데,
함벽루에 오른 나그네
푸른 물에 마음 담으니
풍류객이 따로 없네.
남호 3걸** 자적한 곳,
비운 마음 물결 위에
육신은 누각에 앉았어도
너울 따라 흐르네.
찬연했던 천년 문화
대가야 회천을 감고 돌아
불멸의 행복한 이 노래를
여기서 나처럼
누가 불러주오.

---

* 죽죽(竹竹)은 선덕여왕 11년(642)에 합천의 성주인 김품석(金品釋: 김춘추의 사위)이 방탕한 생활로 백제가 침략하여 함몰할 때 끝까지 투항하여 신라를 지킨 화랑정신의 표상으로, 그 충절을 기려 세운 비석이 천년의 세월을 지키고 있다.

** 당시 함벽루를 찾았던 우암 송시열과 영남의 강좌우파로 쌍벽을 이룬 남명과 퇴계, 세 분을 가리킴.

Hambyuk Tower[3)]

At a thousand years old The Daeya Castle
Mr. Bamboo[4)] left his royalty
Long years
is flowing through The Yellow River,
A tourist on the Hambyuk Tower
putting his mind in the blue water,
is just like a man of taste.

The southern three heroes had lived in complacency here,
my empty mind on the wave of the waters
is floating along the swell of the river
though my body is seated inside the tower.

This immoral happy song
here like I do,
please sing it for me.

---

3) a lookout tower
4) the pen name of an elite man in the Silla Dynasty, who was strong and honest like bamboo

말 줄임표(...)

무덤을 만드는가?

할 말이 많아도
다 못하고
줄일 때 쓰는 부호지만

숨기고 싶었던,
가슴에 묻어 둔
특종 비밀을 간직한 채,
너를 위해,
나를 위해
점점점

무덤을 만드는가!

A Puctuation Mark - Period

Digging a grave?

It's a mark for reducing the words,
although there are a lot of words to say,
they cannot be spoken

wanted to hide,
buried in the heart
with a special secret,
for you,
for me
period. period. period.

Digging a grave!

향수 – 도화밭

빈집만 허허로이 홀로 남은 고향엔
모롱이 돌아가는 산등성에 꽃불이 났다.
꿈에서나 만나는 하늘을
그리움이 밀려오는 향 짙은 동네
경포 간 산업도로 굉음소리 벗어나
숲머리 보문로 지름길 들어서면
앵화는 백설처럼 눈이 부시고
애달픈 마음에 일찌감치 눈 살짝 감으면
잔설 찬바람에 문풍지 울적마다
연분홍 사랑이 꽃불로 번진다.

Homesickness – Peach Blossom

A peach blossom on the mountain hill,
where my empty and lonely hometown house is located

it is a place where I miss in my dreams,
it has the sky with a deep aroma of homesickness

Once you enter the shortcut of forehead forest Bomunro[5] out of the noisy sound of industry road to Kyungpo,

Cherry blossoms are dazzling white like pure snow
If I close my eyes with the mind of heartrending,
whenever the door with paper weather strips swings shut by the cold wind from the remained snow, the peach blossom flames like the mellow pink love.

---

5) the name of a road in Kyungjoo city

백목련

물빛 맑은 너,
이토록 희어
아침 이슬 햇살 빛
보톡스 맞은 얼굴
눈부신 속살은
설렘이 가득하다.

고고한 자태에 나직한 숨결로
은근한 남새 뿜어내며
살며시 사라지는
추억 묻은
한 줄기 꽃비 너.

White magnolia

You,
water green
crystal clear.
You're so pure
Like morning dew
bright sunshine.

A facial Botox injection
you've got.
Your dazzling inner skin
is full of heart fluttering with joy.
A noble posture with a low breathing
fuming with subtle fragrance
disappearing gently and silently
you're the string of flower drops in a memory.

메밀 꽃밭 풍경

소금을 뿌려 놓았다.
달빛 어린 밤
별빛을 토해낸다.
봉평의 메밀꽃밭.

눈이 부시도록 별빛 토해낸다.
순박한 소녀의 눈웃음 토해낸다.

싸락눈을 뿌려 놓았다
눈이 아리도록 별빛을 토해낸다.

앳된 소녀처럼
몸매 여린 꽃이지만
하이얀 넓은 밭은
도깨비 여신이다

군데군데
두더지 솟구치듯
허수아비 움직이듯
진짜 사람 토해낸다.

A Field of Bucketwheet Flowers

Scattered salt
On a moonlit night
vomited the starlights
the Bucketwheet Flowers in Bongpyung.

Vomiting the dazzling starlights
Vomiting the smiling eyes of an innocent girl

Scattered soft hail
Throwing up the eye-smarting starlights

Like a young and naive girl
in an appearance of thinner flower
The wide and white field
is a goddess of monster

Here and there
springing like a mole
swinging like a scarecrow
vomiting a real person.

비슬산 가는 길에는
– 일연 무산 선사 시비건립을 보며

비슬산 가는 길에는
천년 두고 흐르는 물
만년 동안 우뚝한 산
그 물 그 산 예나지나 별천진데
도성관기 자취는 한 조각 구름일 뿐,

칠백년 후 오늘
땅 하늘 새 풀어헤친 머리 불쑥 나토야*
"끊어질 듯 이어진 길 이어질 듯 끊인 연을"
자규의 피눈물 울음에
피고 지는 두견화는 옛 봄빛 그대론데,

유가절 뜰아래 땅 속에 묻혔던 천년을
아니어라 이제사
제시석(題詩石) 흰 얼굴로
비파소리 타고 이어지네
그래 그렇게(一然)**
만년을 이어가네 그 뜻이.

---

* 하늘과 땅을 이어준 새벽안개 낀 산, 곧 무산(霧山) 조오현 선사를 가리킴.

** 일연 보각국사를 가리킴.

On the way to Bisul Mountain[6)]

On the way to Bisul Mountain
a thousand years of flowing waters
a ten thousand years of firmly standing mountains
The water, the mountain
in all ages,
feeling like another world
Dosung and Kwangi[7)] in a castle town
disappeared without a trace like a speck of cloud

Today seven hundred years later
The Natoya mountain[8)] popping its messy head
between the earth and the sky
"looks disconnected but connected road,
looks connected but disconnected Karma"

Along with a cuckoo's bloody crying
the azalea's blooming and withering are just like the way as they were in the old days' spring sunshine,

A thousand years buried under the ground of Yuga Temple
No way, this time
in a white face of poetic stone
continues along with the sound of Korean mandolin
Yes, that's the way[9)]
a ten thousand years continues to go on with the spirit

---

6) the name of a mountain in Daegu City
7) a name of a male and a name of a female
8) a name of the temple, meaning foggy mountain
9) The national buddhist monk-teacher Bokak, whose pen name is "The Way"

낙엽

갈
색이라서
갈색인가?

마지막 순간까지 매달린
생명줄 놓고서
간다.

머물지 못해
정처 없이
또
간다
대굴 대굴다가
그만 멈췄다
의지를 다한 몸.

갈
색이라서
갈색인가 봐!

Fallen leaves

Falling
color
that's why it's called a fallen leave(brownish color)?

Hanging till the last minute
It falls
letting go of its life string

Can't hold it longer
wandering about aimlessly
again
falling on the ground
rolling over and over
it stops
a body running out of its leaning life

Falling
color
that's why it's called a fallen leave(brownish color)!

망제가 - 도솔천 건넌 아우에게

춘삼월 남쪽 토담집 찾던 어제가
이서국 옛일 솔바람 타고 전해 와
무자 시월 열아흐레
그리움이 사무친 내 알천
북받치는 서러움
봇물 터져 억겁으로 흘러내리듯
가슴에 불길 솟아올라
심장이 지지직 불붙어 타오르고
목탑다비 불꽃으로 승화되어
고온 님 가신 곳 도솔천 건너는
슬픈 이승에선 갈 수 없어 못 간다오.
산이 높아 못 간다오.
물이 깊어 못 간다오.

A song for missing the deceased younger brother

– To the brother who crossed the River of Jordan (or the River of Dosol)[10)]

Yesterday,
On March in spring
looking for a mud-walled hut in south
Esuhkuk old days along with the breeze of pine trees
announces

October 19th 2008
I miss my hometown, Alchon

Overwhelmed with sorrow
pouring in eternity
bursting into flames from my heart
my heart is burning in a flame

Cremation in a wooden pagoda
turning into a fire flame

the place where my brother went to
crossed the River of Dosul

In this sad world,
I can't go there
Cause the mountain is too high
And the water is too deep.

---

10) the name of a river one should cross to go to the heaven

억새 한 무더기
– 청백리 선조를 기리며

카랑카랑했던
푸른 날 칼
생명 호수 지키는 열정,
초록 청춘을 벗어던진
속도 비워버린
바람 따라 흔들대며 살기로 했던,
갈가리 부서진 백발 허공을 헤매다가
속세 떠나, 투기 없는
하늘나라 어디 간들
몸 둘 데 없으랴
욕심 버리면 가벼워지겠지
홀가분하면 멀리 갈 수도 있겠지.
군살 없는 뼈만을
꼿꼿이 살고 간 너,
소리못* 지키던
억새 한 무더기
청백리 선조를 기리며
솜털구름 좇아
먼 하늘 바라본다.

---

* 경북 경주시 천북면 성지(聲池). 고향의 지명이며 1920년대에 축조된 저수지임.

A pile of Silver Grass
– honoring our honest ancestors

Strong and clear
like the blue blade of a knife

Having passion for protecting the lake of life
Throwing off their greenish precious youth
empty their heart
Swinging and shaking as the wind goes,
Their gray hair, broken in pieces, wandering in the air

Renouncing the world,
at the heaven where there is no jealousy
they can take some rest (or they can lay their body down in rest)

Without greed, they will be lighter
then they can go farther and further
in a lighthearted mode
Only with the bones without extra flesh
They have been living upright

The pile of Silver Grass
protecting the Sori Reservoir [11)]

Honoring our honest ancestors
looking at the distant sky
searching for fluffy white clouds.

---

11) the name of a reservoir built in the 1920's and

아 내

아내는
아
내이고 싶은
사람.

아내는
안
에 있고 싶은
사람.

Wife

Wife
ah,
she and I are the same, we are alike.

Wife
deep inside
The person who always wants me to stay.

화석 – 향일암에서

나는 바위다
남해 금오산에 있다.

천 년을 기다렸다
솔을 만났다
학도 친구가 되었다

물속에서
뭍이 궁금해 나왔다가
심술쟁이 파도가 물만 몰고 갔다.

솔 집이 그리워 놀러 왔다가
돌아가지 못하고 포로 되었다.

많은 새끼 낳고
산등성에 엎드려
등껍질 드러내고 누웠다.

사람들은
언제 떠날지, 알 수 없는 길을
윤회 바퀴 굴리며
노자돈 내 등위 얹고
오래 머물고파 빌고 간다.

나는
금오산 천 년 거북이다.

Fossil – In The Hang - Il Temple

I am a rock atop Gum-oh mountain
fronting the South Sea of Korea:

I have lived here for an aeon
and become friends with the pine trees
and cranes resting on them;

Well, all this happened only because
I was stranded on the land, after,
in my curiosity, I climbed ashore.
The waves just went back without me
in them while I was watching the pine trees;

I lie here after giving birth to numerous
off spring; people, seeing the shell on my back,
putting some of their money atop it, would
pray in front of me for a long life like mine,
those people not knowing what may happen
to them, tomorrow.

Well, as you can guess, I am an aeon old
turtle on Gum-oh mountain.

갈대의 갈노래

여름
몹시 무덥던 날
성숙했던 아픔을 아는지
모르는지
개울가 언덕에 서서
물 따라 흐르는 세월이 아쉬워
지나가는 바람 타고
저들끼리 온몸으로
부르는
갈대의 노래.

싸르륵,
싸르륵!
가는 갈 아쉬워
팽팽한 현을 두들기는 바람
저들끼리 제 몸 부딪혀
제 살 뜯어내고
울려주는
갈대의
가을 변주곡.

인간의 굴레
희생!
완숙한 삶, 그려지는
사모곡
눈이 부시고
귀가 향기롭다.

Song of the Reed in Fall

The reeds on the slope
of the stream bank
Sing their songs of life,
their time fleeting like
The flow of the river,
all through the instruments
of their bodies in the fall wind,
Remembering those hot painful days
of last summer....
The prime season for their growth

Sharrr, sharrr...
The wind passing through them
makes a melody,
A sorrowful melody
for it's time to go away
shaking each of their bodies
To rattle and clash against
each other
Like a string musician
is to a fall variation.

Human bond-age
The noble
self-sacrifice
of the mother
making the landscape bright
and the tune pleasant.

달구벌 속내

시공 너머 세월이
앞산, 뒷산자락 사찰 곳곳에
풍경소리 타고 들려온다.

팔공산 정기 뻗어 배달겨레
충절로 나라님 살려내고
최후 맞은 의리 장절공

적에게 쫓겨 머물렀던
임휴사, 피신한 은적사
새벽달 걸린 반야월에
살았구나 안도한 안심.

바람 앞 등불 같은 나라를
시민이 분기하여 되찾은
자존심, 국채보상운동

생명의 터전
먹거리, 입거리 팔고 사던
서문시장
병마퇴치 약령시.

허리 잘린 최후,
두 동강이 된 몸
칡뿌리 같은
끈질긴 생명줄 지켜주던
낙동 다부동.

세계인이 모여든다
달구벌로,
함께 뛴다
달구벌에서 글로벌로.

Inside story of Dalgubul [12)]

Beyond the space and time
time and tide
greet the temples on the front and back mountains
with the wind bell

The Korean people spirited from Palgong mountains
After saving the king with his faithful royalty
ChangJeol-Gong[13)] faced with death.

At Imhyu Temple the king temporally stayed
from the chase of the enemy,
and at Enjuk Temple he escaped himself.
At Ansim[14)] he finally got relief
passing the pale morning moon in Banyawol.[15)]

To save the country in danger like a candle before the wind
The whole nation arose to recover self-respect and held
the movement for paying off national debt.

The place for life,
West-Gate-Market[16)] for food and clothes
Yakryungsi[17)] for wiping out disease

At the last moment being broken waist
split across
Like arrowroot
protecting persistent lifeline
Nakdong Dabudong

To Dalgubul
people come from all around the world,
running all together
from Dalgubul to Global

---

12) the old name of Daegu city
13) the name of the general Shin Soong Kyum
14) the name of a place
15) the name of a place
16) the market in the west of Daegu
17) the market for selling oriental medicine

손수여의 시세계

선비정신, 인간애, 불심의 되새김과 늦깨달음

손해일
(시인, 문학박사, 한국현대시인협회 이사장)

1. 들어가며

시인, 수필가이며 국어학자인 손수여교수(이하 손시인)의 제 3시집 〈반추(反芻)〉 상재를 진심으로 축하드린다.

계간 〈해동문학〉 〈한국시학〉 〈시세계〉로 겹 등단한 손시인은 대학교수로 학술서 〈국어어휘론 연구방법〉 〈현대국어 색상어의 형태 · 의미론적 연구〉를 낸 저명한 국어학자로서는 물론이요, 시집 〈내 아내는 홍어다〉, 〈웃기돌 같은 그 여자〉, 수필집 〈나누고 싶은 생각〉 등을 낸 중견 문인이다. 아울러 국제 PEN 한국본부 이사 및 대구시지회 부회장, 한국문인협회 문학사료발굴위원, 해동문인협회, 경기시협, 세계문인협회, 문예사조문인협회 회원이다. 〈문예사조〉문학상 본상 등 여러 개의 문학상 수상을 비롯해 사회적으로도 다채로운 이력의 재사이기도 하다.

그런 그가 이번 시집 제목을 굳이 〈반추〉로 정한 데에는 나름의 연유가 있을 것이다. '반추(反芻)'란 소나 염소 등 반추동물이 한번 삼킨 먹이를 다시 입속으로 되돌려 되새김질로 씹은 후 다시 삼키는 것을 말한다. 반추동물이 아니라면 소화불량이거나 토해내는 일이지만, 거친 풀을 먹고 맹수를 피해야 하는 초식 동물에겐 일단 삼킨 후 안전할 때 서서히 꺼내 다시 씹는 것이 영양 섭취와 생존을 위한 최선의 방식일 것이다.

반추동물은 육식동물이나 맹수처럼 공격적이거나 사납지 않고 순하다는 게 특징이다. 사람은 누구나 인간답고 행복한 삶을 최상의 가치로 염원한다. 우리의 전통적인 5복(五福)개념이나 성서의 산상수훈 팔복(八福)도 다 이러한 열망 때문일 것이다. 그러기에 단 한번뿐인 유한한 인생을 그럭저럭 살기에는 너무도 아깝고 아쉬운 나날들이다. 우리가 돈, 명예, 권력 등 부귀영화를 좇아 앞만 보고 달리며 낭비한 세월들을 반추동물처럼 다시 꺼내 쓸 수만 있다면 얼마나 좋을까.

아프리카 세링게티초원이나 킬리만자로 산록에 스프링고우트라는 염소떼가 있다. 해마다 봄이면 무리 지어 질주하다 절벽에 추락해 집단자살하는 이상한 동물들이다. 염소들도 자살 충동을 느낄 만큼 센치멘털하게 봄을 타는가? 전문가들의 연구에 의하면 이유는 다른 데 있었다. 겨울 건기 내내 굶주리다가 새봄 우기에 새 풀을 먼저 먹기 위해 선두가 달리자 중간그룹이 앞 다투어 달리고, 후미그룹은 영문도 모르고 뒤따라 달리다 막상 절벽 앞에서는 관성으로 멈추지 못해 벌어지는 참상이란다. 이들 중 현명한 리더가 있어 질주를 잠시 멈추고 심사숙고하거나, 탐욕을 부리지 말고 양보하며 반추동물로 느긋하게 되새김질을 했더라면 이런 비극은 반복되지 않았을 것이다.

손시인은 자서(自序)에서 "반추, 자신을 돌아보며, 스스로 추스르고 다잡기 위하여" 이 시집을 상재한다고 밝히고 있다. 감사하게도 한국인의 수명이 100세 시대를 맞고 있는 추세에 60대 이순(耳順)의 시인이 시집제목을 〈반추〉라 한 것은 갑자를 지나온 인생을 되새김하고 다잡아 남은 생을 더욱 알차게 살겠다는 중간 점검의 의미가 아니겠는가. 이제 손시인의 작품세계에 앞서 그의 인생지표를 유추할 수 있는 몇 작품을 먼저 살펴본다.

물이고 싶다/ 나는.// 번쩍이는/ 칼,/ 서슬이 시퍼런/
그런 칼날로 잘라 놓아도/ 둘이 하나 되고 마는/ 물같이.//
생명체의 물,/ 이왕이면/ 잡것이 섞이지 않은/ 맹물같이.//
어쩌다가/ 바위에 부딪히면/ 비켜가는 물,/ 순리를 지키는/ 물같이.//
그렇게 살고 싶다/ 나는.//

– 〈반추 7 – 水如 : 물같이〉 전문 –

물은 우주 만물의 근원이며 생명의 원천이다. 물 없이는 생명체가 못사는 필수요소이면서도 깊은 철학적 의미를 갖고 있다. 손시인은 물처럼 살기를 염원한다. 그의 이름인 수여(水如) 즉, 물같이가 아니라 첫연 "물이고 싶다. 나는" 처럼 아예 물 자체이기를 염원한다. "서슬 퍼런 칼날로 잘라놓아도 곧 하나 되는 물" "잡것이 섞이지 않은 순수한 맹물" "바위에 부딪히면 비켜가는 순리(順理)의 물"이고 싶어 한다. 흐르는 물은 선두를 다투지 않으며, 장애물과 부딪혀도 맞서서 갈등을 일으키지 않는 순리의 표상이다.

아무리/ 오래되어도/ 썩지 않는/ 그런 바위처럼 살고 싶다.//
해수관음불/ 남순동자/ 봄/ 여름/ 갈/ 겨울 할 것 없이/
저 바다에 누워/ 씻고/ 또 씻은/ 깨끗한 몸/ 순수한 마음//
아무리/ 오래 되어도/ 변하지 않는/ 그런 바위로 살고 싶다.//

– 〈바위로 살고 싶다〉 전문 –

손시인은 '물같이(水如)'에 이어 '바위처럼(巖如)' 살기를 염원한다. 작품〈1〉에서는 "아무리 오래되어도 썩지 않는 바위" "해수관음불, 남순동자처럼 4철 바다에 누워 씻고 또 씻은 순수한 마음" "아무리 오래되어도 변치 않는 바위"처럼 살고 싶다고 한다. 비슷한 제재와 착상의 작품 〈바위가 되고 싶다〉에서는 바위처럼이 아니라 아예 "계곡에 서서 폭풍 한설에도 끄떡 않는 바위" "바다에 서서 태풍에도 꼼짝 않는 바위" 그 자체가 되고 싶다고 한다.

위의 작품들에서 손시인이 추구하는 '물과 바위'에의 염원은 액체와 고체라는 속성의 다름에도 깨끗하면서도 변함없기를 바라는 순수에의 공통된 갈망이다. 그것도 해수관음불이나 남순동자처럼 불심이 가득한 자비로운 바람으로서이다.

이러한 손시인의 인생 좌표를 바탕으로 그의 작품세계를 살펴본다. 총85편을 편의상 제1부 만오(晩悟) 늦깨달음, 제2부 반추, 제3부 화석. 제4부 석모도, 제5부 번역시 등 다섯 단락으로 구분하고 있다. 그의 작품세계를 한마디로 규정짓기는 어렵지만 전체를 관통하는 분위기는 순수에의 열망, 개결한 선비정신과 역사인식, 불교적 사유와 향수, 가족사랑 그리고 '자연과 인간'의 조화로 자연과의 친화력이 바탕이 된 서정적 추구 등이다. 또한 기법면에서는 국어학자답게 다듬고 응축한 언어의 조탁(彫琢), 문장부호 하나하나까지에도 세심한 배려 등이 두드러진다.

2. 개결한 선비정신과 역사의식

소재는 달라도 손시인의 작품 근저에 흐르는 것은 개결한 선비정신과 역사의식이다. 선비란 학덕을 갖춘 어질고 순한 사람을 예스럽게 일컫는 말이며, 개결(介潔)하다는 것은 성질이 꼿꼿하고 깨끗하다는 의미이다.

앞서 언급한대로 손시인이 '물처럼 바위처럼' 살기를 갈망하는 순수에의 열정은 선비정신, 양반정신에 있다고 본다. 이것은 손시인의 출생지인 경주와 거주지인 대구라는 지리적인 풍토와 영남의 반가(班家)라는 역사적인 배경과도 무관치 않다. 또한 신라 건국의 초석을 다진 신라육부 촌장 무산 대수촌장 구례마 할아버지의 후예로서, 세계 문화유산으로 지정된 경주 양동손씨의 갈래인 '경주(월성) 손씨'라는 자부심에서도 기인하는 듯하다.

역사란 인류의 족적 또는 개개인 삶의 집적이지만 그것의 방향이 잘못되거나 승자의 기록으로 오도될 경우 과거 나치독일이나 군국주의 일본의 만행처럼 인류의 불행을 자초하게 된다. 역사란 단순히 지나온 과거의 발자취가 아니라 미래를 비추는 거울이기 때문이다.

손시인이 거듭 성찰하고 되풀이해 음미하려는 〈반추〉도 지나온 삶에 대한 반성과 올바른 방향설정에 그 목적이 있다고 본다. 이번 시집의 소재도 곳곳의 역사유적 탐방과 소회를 시화한 작품들이 많은 것은 선비정신과 역사의식의 발로라고 할 수 있다. 조선조 선비정신의 요체는 '정론 정도 추구, 학문, 예의, 전통, 조상숭배, 춘추의식' 등일 것이다.

목차로 보면 〈소리못 찬가〉〈마라도〉〈월유봉〉〈용지봉에 올라서〉〈보문호에서〉〈향일암 가는 길〉〈탑사에 가면〉〈비슬산 성소품 공예〉〈석모도〉〈운곡서원〉〈한산도에서〉〈금오산〉〈반야사에 가면〉〈 함벽루에 올라〉 등이 이에 속한다.

서라벌에 터 전한 구례마 할아버지
천추에 길이 빛날 효자공 이으시니
말미암은 우리 손문 창대하리라

우리글 만드시고 나라를 구하시다
청백리 되셨네, 3대 봉군 나셨도다.
말미암은 우리 손문 겨레의 자랑

양동 마을 선조 음덕 오백 년에 이어지니
대대손손 새 천년을 세계로 뻗어 가네
말미암은 우리 손문 대한의 자랑

소리못물 넘쳐흘러 문전옥답 이뤄내고
동대봉산 청솔 자라 거무숲을 이루듯
말미암은 우리 손문 창대하리라

– 〈소리못 찬가〉 전문 –

각주를 보면 이 시는 손시인의 고향 마을인 성지리(聲池里 : 소리못)에 대한 찬가이다. 행정구역상 경북 경주시 천북면 성지리는 경주(월성)손씨 양동마을 다음의 집성촌으로 손시인의 고향이다. 이 시는 2010.7.31 국제연합교육과학문화기구(UNESCO)에 손씨와 이씨 종택이 있는 양동마을의 세계문화유산 등재를 기념해 '위선숭조' 정신을 일깨우고 후손의 자긍심 고취를 위해 썼다고 밝히고 있다.

여기서 새삼 족보를 따질 수는 없지만 필자 역시 손시인과 같은 손씨 일문이라 더욱 친밀감을 느낀다. 예로부터 핏줄과 혈통과 가문을 중시하는 우리 민족은 족보와 뿌리 찾기에 치중한 보학이 세계적으로도 가장 발달했다. 각 성씨별로 차이와 사실 여부를 떠나 대동보를 따라 사다리를 타듯 거슬러 올라가면 수백 수천 년간 가문의 역사 등이 이어지고 있어 신기할 따름이다.

손씨의 경우 박혁거세를 옹립하여 신라건국의 초석을 놓았던 신라 육부촌장 무산 대수촌장 구례마(戊山 大樹村長 俱禮馬) 할아버지가 시조이시다. 무산 대수촌은 현재의 경북 경주시 건천읍 모량리로 박목월 시인의 고향이기도 하다.

손씨 대동보를 보면 이로부터 30대를 내려간 중시조는 일연스님의 삼국유사에 기록된 '석종고사(石鐘 故事)'의 '出天大孝'로 유명한 文孝公 孫자順자 할아버지이시다. 기록에 의하면 신라 모량리 사람 손순은 효행이 뛰어나 신라 42대 흥덕왕 때 월성군(月城君)에 봉해졌다. 이 작품 '소리못 찬가' 1연은 손씨의 시조와 중시조에 대한 찬미가이다. 2연의 "청백리 되셨네, 3대 봉군 나셨도다'의 3대 봉군은 "훈민정음 창제에 주무관 겸 으뜸 학자로 참여하신 士字 晟字 계성군(鷄城君), 이시애난 평정 적개 2등 공신 昭字 계천군(鷄川君), 청백리의 표상이신 仲字 暾字 월성군(月城君)"을 말한다. 3연은 유네스코 세계문화유산으로 지정된 경주 양동마을, 4연은 손시인의 고향 소리못에 대한 찬가이다. 손시인의 이 작품에도 가문에 대한 자긍심이나 조상숭모 정신을 넘어 선비정신과 역사의식이 충만함을 보여주고 있다.

묵은 천년 대야성에/ 죽죽이 남긴 충절/ 의연한 기개가 돌비로 남아/
장구한 세월은/ 황강 따라 도도히 흐르는데,/
함벽루에 오른 나그네/ 푸른 물에 마음 담으니/ 풍류객이 따로 없네./
남호 3걸 자적한 곳,/ 비운 마음 물결 위에/
육신은 누각에 앉았어도/ 너울 따라 흐르네./
찬연했던 천년 문화/ 대가야 회천을 감고 돌아/ 불멸의 행복한 이 노래를/
여기서 나처럼/ 누가 불러주오.//

– 〈함벽루(涵碧樓)에 올라〉 전문 –

합천 8경중 제5경으로 고려 충숙왕 8년(1321년)에 창건되어 수차례 중건을 거친 함벽루는 합천읍 죽죽길 80에 있으며, 1983년 경남 문화재자료 제59호로 지정됐다. 대야성 기슭에 위치하여 황강 정양호를 바라보는 경승으로 많은 시인 묵객들이 풍류를 즐겼다. 퇴계 이황, 남명 조식, 우암 송시열 선생의 글이 누각 내부에 현판으로 걸려 있고, 뒤 암벽에 새긴 '함벽루 涵碧樓'는 송시열의 필적이라고 한다. 함벽루는 정면 3칸, 측면 2칸, 2층 누각, 5량구조, 팔작지붕 목조와 가로 누각처마의 물이 황강에 떨어지는 배치로 더욱 유명하다.

죽죽(竹竹)은 선덕여왕 11년(642)에 합천 대야성주인 김품석(金品釋: 김춘추의 사위)이 방탕한 생활을 하다 백제 의자왕의 침공으로 성이 함몰할 때 끝까지 투쟁하여 신라를 지킨 화랑정신의 표상이다. 그 충절을 기려 세운 비석이 천년의 세월을 지키고 있다.

손시인은 이 함벽루에 올라 신라 역사를 되새기고 시인묵객으로서 감회를 노래하고 있다. "육신은 누각에 앉았어도 너울따라 흐르고 찬연했던 천년문화가 회천을 휘감아 도니" "불멸의 행복한 이 노래를 여기서 나처럼 누가 불러주오"라는 절창이다.

> 물안개 자욱한 외딴 섬 청령포에/ 서강 물 달빛 담아 세월 따라 … 중략 …
> 피맺힌 한, 노산대 새벽안개 잠이 든들/ 침소 전 노송 두 충절 눈 뜨고 볼 것
> 인가// 허리 굽혀 하명 기다리는, 음독 고통 뒤틀린 형상을/
> 하늘 뻗친 관음송 떠가는 구름 앞에 육백 년을 통곡하네./
> 청령포 달그림자 옛 일을 떠올릴까/ 동강 떠난 빗돌엔 수양 한숨 들려오네/
> 장릉에 핏빛 단풍 된서리에 저리 붉나/ 그 임의 맑은 시심 잠든 영혼 일깨우네.//
>
> – 〈청령포 회심〉 일부 –

〈청령포 회심〉은 강원도 영월 서강에 위치한 청령포를 돌아본 감회를 읊은 작품이다. 청령포는 단종이 숙부인 세조에게 왕위를 찬탈당하고 노산군으로 강등돼 청령포에 위리안치 되었다가 사약을 받고 죽임을 당한 비극의 현장이다. 굽이 도는 강물길과 기암괴석, 노송숲 등 경관은 빼어나지만 권력투쟁과 인생무상 역사의 허상 등을 말해주는 유적이다. 절대 왕정과 유교이념이 지배했던 조선조에서 왕위찬탈은 구족을 멸하는 대역죄이지만 역사는 승자의 기록이기에 청령포는 비극을 간직한 채 오늘도 말이 없다. 인륜과 충효는 유교정신의 핵심이다. 마음에 중심이 하나면 충성 충(忠)이요, 둘이면 질병 환(患)이다. 우리 인생사의 사랑과 우정, 애국애족도 '충성 충'이어야 할 것이다.

운곡의 사계섭리 피어나는 구름풍광/ 곡조는 애절사연 산야를 흐르는데/
서경의 옛 임 어디 다도보살 공덕인가/ 원컨대 뜬구름처럼 막힘없는 여로를.//
千年의/ 빛난 社稷 은은한 新羅古土/ 五百의/ 조선왕조 한 자락 권문세도/
피어나는 구름골 흐르는/ 애절가락 雀舌의 그윽한 다향/ 가는 발길 멈추네.//

– 〈운곡서원〉 전문 –

손시인이 노래한 〈운곡서원〉은 행정구역상으로는 경주시 천북면 화산1리에 위치하며, 경주시 강동면 국당리와 경계에 있는 곳으로 안동 권씨 태사공을 배향한 서원이다.

이 작품도 역사의식의 관점에서 풍광과 소회를 토로하고 있다.

동은/ 토함산/ 불국정토 석굴암//
서는/ 팔공산/ 갓바위불 동화사//
동에는/ 구지봉이/ 찬연한 문화/ 서라벌 꽃 피우고//
서에는/ 용지봉이/ 새 천년/ 달구벌 지킨다.//
나는,/ 서라벌 나서/ 달구벌 산다.//
용지봉에 놀다가/ 구지봉에 잠든다//

– 〈반추 2 –용지봉에 올라서〉 전문 –

손시인은 서라벌 경주태생이지만 현재는 대구대 교수로 재직하며 대구에 산다. 〈용지봉에 올라〉는 유서 깊은 경주와 대구 두 곳을 지정학적, 역사 문화적으로 대비하고 있다. 박목월 선생의 "산은 구강산 보랏빛 강산"하는 식의 경쾌하고 응축된 댓구로 경주와 대구를 형상화하고 있다. 지면상 생략하거니와 탐방 장소가 역사유적지인 탓도 있지만, 일연, 무산선사 시비 건립을 노래한 〈비슬산 가는 길에는〉 〈한산섬〉 〈독도야〉 〈마라도〉, 중국기행시인 〈항주, 서호에서 느낌표만 남긴다〉 〈황산예찬〉 등 다른 작품들도 선비정신과 역사의식에 바탕을 두고 있음을 알 수 있다.

3. 이순의 늦깨달음, 향수와 가족사랑

공자님의 말씀처럼 60대는 이순(耳順)으로 세상 사는 이치를 조금은 깨닫는 시기이다. 손시인이 시집 제목을 〈반추 反芻〉라 한 것이나, 제1부 제목을 〈晩悟 늦깨달음〉 이라 한 것도 다 이런 맥락으로 보인다. 60대 초반 회, 진갑년을 넘기며 살아온 인생을 조용히 돌아보고 자아 성찰과 다짐으로 남은 인생을 밀도 있게 살겠다는 다짐이다. 대부분의 인간에게 탯자리인 고향과 모태인 어머니는 늘 그리움의 대상이다. 생성과 소멸의 원천이기 때문이다.

〈1〉

어렴풋이 보인다/ 마을 어귀 들어서면/ 느티나무 가지 끝,/
매미 울고 간 / 허허로운 빈 집터/ 울타리처럼 둘러 선/ 감나무,/
할배 아배 따 잡수시던/ 고목가지엔/ 붉은 그리움이/ 주렁주렁.//

– 〈고향집〉 전문 –

〈2〉

빈집만 허허로이 홀로 남은 고향엔/ 모롱이 돌아가는 산등성에 꽃불이 났다./
꿈에서나 만나는 하늘을/ 그리움이 밀려오는 향 짙은 동네/
경포 간 산업도로 굉음소리 벗어나/ 숲머리 보문로 지름길 들어서면/ ...중략.../
잔설 찬바람에 문풍지 울적마다/ 연분홍 사랑이 꽃불로 번진다.//

– 〈향수 – 도화밭〉 일부 –

〈3〉

고향 길 곧은 밭담울 따라/ 바람 부는 언덕길에 오르면/
바람이 저만치 따라 와/ 길을 막고 서 있다./
성지에서 동산까지/ 책 보자기 둘러매고 걷던/ ...중략.../
지난 날 어깨동무 했던,/
....중략... 스케이트 지치다 못에 빠졌던/ 소리못둑 바람 속을 거닐며/
무시로 그려내는 낮달 걸린 사연에/ 곰솔로 흔드는 바람/
가슴 속 남은 그리움을/ 꺼내 바람으로 전해볼까.//

– 〈반추 3 – 가슴 속 남은 그리움을〉 일부 –

앞서 말한 대로 현재 대구에 거주하는 손시인의 고향은 경주시 천북면 성지리(소리못)이다. 작품〈1〉고향집 마을 어귀에 들어서면 느티나무가 보이고, 지금은 떠나버린 빈 집터에 정적만 감돈다. 울타리처럼 늘어선 고목 감나무엔 조부와 부친이 따 잡수시던 손길이 "붉은 그리움으로 주렁주렁" 매달렸다.

작품〈2〉 향수 도화밭은 고향마을을 돌아가는 산모롱이에 복숭아꽃이 만개한 무릉도원이다. 울산–경주–포항(경포) 산업도로 지나 보문로 숲길 들어서면 지천인 복숭아꽃 살구꽃이 눈부시다. 눈감으면 떠오르는 아련한 고향의 추억이 꽃불로 번진다.

〈3〉 고향길 밭담울 바람 따라 걸으면 책 보자기 둘러메고 걷던 성지에서 동산까지의 등 · 하교길, 스케이트 지치다 빠졌던 성지 못둑의 찬바람 등이 가슴에 남은 그리움의 단편들이다. 빈집인 고향 집은 너무 쓸쓸하지만 어릴 적 아련한 추억과 복사꽃

만발한 고향산천은 손에 잡힐 듯 그리움 가득한 수채화들이다.

> 바닷가 모래밭에 가면/ 울 엄마가 거기 계셔요./ 열아홉에 아배 같은
> 신랑이더니/ 서른여덟 홀로 외길을/ 큰 소 몰고 논밭 일 샛별 보고 나가/
> 소꼴 한 짐 이고 달을 업고 들어오시던/ 억척 장골 월산 아지매,
> 머언 먼 고난의 길/ 장엄한 몸짓으로/ 거친 숨을 몰아가며/
> 세찬 파고 고비고비 넘어/ 굽이굽이 달려와/ 반기는 자식 품 모래밭에선/
> 지친 몸/ 흰 이빨 드러내 거품을 토해내시던/ 당신의 모습,/
> 지천명이 훌쩍 넘어서야/ 비로소/ 어렴풋이 깨달은,/
> 다섯 남자 종지기로/ 저렇게 살다가신/ 울 엄마가 그립네요,/
> 파도가 밀려오는/ 바닷가 모래밭에 가면.//
>
> – 〈바닷가 모래밭에 가면〉 전문 –

〈바닷가 모래밭에 가면〉 손시인의 '울 엄마'가 거기 계신다. "열아홉 꽃다운 나이에 시집와 서른여덟 홀로 외길을" 오로지 "남편과 자식들 다섯 남자 뒷바라지에 종지기 역할로" 살다 가셨다. 큰 소 몰고 새벽별 보고 나가시면 소꼴 한 짐 이고 저녁 어스름에야 돌아오시던 '억척 장골 월산 아지매' 다. 누군들 그러지 않으랴만 각기 사연은 달라도 생각만 해도 그립고 울컥 목이 메는 게 어머님이다. 가족을 위해 혼신을 다하는 지극한 모성, 남다른 자식사랑이 지천명의 나이에야 더 새록새록 기억난다. 고난 속에 간난신고를 겪으신 어머님일수록 그 희생이 눈물겹고 불효자의 참회가 깊은 것이 인지상정 아닌가. 이 시는 손시인이 어머님께 바치는 절창의 사모곡이다.

> 울 아베 사실 적에/ 입춘대길 건양다경!/
> 현관에 들입 자(入)로 붙이고/ 개문만복래! 난간 위/
> 봄바람에 나풀대더니...// 봄빛 정기어린 용월에/ 용이 기쁨으로 오셨네./
> "꽃이 이뿌지캐도/ 자식 꽃보다 더 이쁜 게 없제."/

엄니 말씀/ 이제사 알 것 같다.//

– 〈만오 3 – 자식 꽃보다 이쁜 게 없제〉 전문 –

농촌에 빈집이 많은 요즘엔 드믄 일이 되었지만 옛날 선비촌에 입춘방 붙이는 일은 귀한 풍습이었다. '입춘대길(立春大吉) 건양다경(建陽多慶)'을 들입자(入)로 붙이고 '개문만복래(開門萬福來)'까지 붙이면 액운을 쫓고 경사 불러들이는 봄맞이 채비가 끝난다. 손시인은 음력 3월 용월(龍月) 열이렛날에 용손 지웅이 태어난 기쁨을 이 시에서 노래하고 있다. 이제 시인도 그 옛날 어머님이 느끼셨던 대리만족을 터득하고 귀한 것은 "자식 꽃보다 이쁜 게 없제"하시던 어머니의 내리사랑을 강조한다. 꽃 중의 꽃은 사람 꽃, 그중에서도 자식 꽃이 제일인 것이다. 손자를 본 감회, 철 이른 봄맞이 풍습을 추억하며 부모님을 그리는 시이다.

몇 해 전 춘분 날인가. 그 날 새벽부터 마을 사람들 곤한 잠 다 깨우며, 새봄을 탄 듯 발정한 앞집 암소가 미친 듯이 울어댔다. 한낮이 되어서야 우리 집 황소와 그 집 암소를 몰고나가 마을 어귀에서 한참 만에야 돌아왔다. 암소는 더 이상 울지 않고 마을은 다시 조용해졌다. 어른들은 장독간 펌프 물 퍼올려 손 씻고 마을회관 가겟집에 걸터앉아 막걸리를 나눠 마셨다. 그 날 저녁 앞집 아제는 교미의 대가로 콩 말은 좋게 한 부대를 우리 집에 보내왔고 아배는 콩 한 바가지 덤뿍 넣어 쇠죽을 끓이셨다. 이 날은 우리 집 소도 나라님 밥상을 받았다.

춘분인 오늘 아침상에는 돌 같던 아내가, 굵은 콩에 잡곡까지 넣어 정성스레 찰밥을 지었구나. 지 새끼 생일이라고 특식을 받던 그 날의 황소처럼 내게도.

–〈 추억 – 그 날의 황소처럼〉 전문 –

이 시집에서는 드문 재미있는 산문시다. 몇 해 전 춘분날 발정 난 앞집 암소가 미친 듯이 울어댔다. 새끼를 낳고 싶어 짝을

애타게 찾는 울부짖음이다. 우리 집 황소를 몰고 나가 암소와 교배를 붙이고, 어른들은 축하주를 나누어 마시고, 한참 만에 돌아온 우리집 황소도 교미의 대가로 콩 섞인 쇠죽 진수성찬 나라님 밥상을 받았다. 이와 대련으로 춘분인 오늘 화자도 아들 생일 턱으로 찰밥상을 받았다. 그날의 황소 특식처럼. 암소 시집보내는 정겨운 농촌풍경을 환유와 비유, 기교가 담긴 시이다.

〈1〉

춘삼월 남쪽 토담집 찾던 어제가/ 이서국 옛일 솔바람 타고 전해 와/
무자 시월 열아흐레/ 그리움이 사무친 내 알천/
북받치는 서러움/ 봇물 터져 억겁으로 흘러내리듯/
가슴에 불길 솟아올라/ 심장이 지지직 불붙어 타오르고/
목탑다비 불꽃으로 승화되어/ 고운 님 가신 곳 도솔천 건너는/
슬픈 이승에선 갈 수 없어 못 간다오/ 산이 높아 못 간다오/
물이 깊어 못 간다오.//

– 〈망제가 1 – 도솔천 건넌 아우에게〉 전문 –

〈2〉

아우야, 뜨뿡아/ 형도 오고 아우도 왔다/ 속절없는 형제가.//
...중략... / 손에 들고 온 소주 한 병과/ 수루메에 식혜는/
아우 머리맡에 두고 갈께.//
잠이 깨면 드시게나, 미카엘님아.//

– 〈망제가 2 – 무덤앞에서〉 일부 –

인용시 亡弟歌 〈1〉 〈2〉는 손시인의 4형제 중 셋째 아우를 여의고 쓴 망제가이다. 마치 신라 향가 월명사의 '제망매가(祭亡妹歌)'의 분위기로 그리움과 형제사랑이 듬뿍 담긴 작품이다.

무자년 시월 열아흐레 한 떨기 다비식으로 연화세계 도솔천 건너로 이승 떠나보낸 아우를 그리며 슬퍼하고 있다. 진정성이 묻어난 표현도 좋고 형제애가 짙어서 뭉클함을 느낀다. 망제가 〈2〉는 후일 아우 무덤을 그리움에 불쑥 찾은 형제들이 생전의 아우를 생각하며 소주 한 병과 안주도 놓고 술을 권한다. 아우는 지금 어디에 잠들어 있을까. 〈망제가 3〉에서는 아흔셋에 돌아가신 어머님 가슴 속을 명당자리에라고 했다. 구곡산천 심산유곡 어딘들 명당이 없으랴만 사랑하는 이의 가슴속만한 명당이 있을까? 그러나, 열둘 어린 나이에 숙모에게 양자를 가서 눈칫밥 먹으며 호된 시집을 살았을 아우를 떠올리는 우애와 아이러니하게도 자식을 먼저 보낸 양모의 늘그막 회한을 담은 가슴이야 너무도 쓰라렸을 것이리라 시인은 술회한다.

큰돌, 늦깨달음이다./ 간고등어처럼 살고 싶다/남은 삶을./
육갑떤단 가락질 받더라도/ 질곡의 시퍼런 세상 떠나/
쓸개, 창자 다 빼낸 속 텅 비우고/ 육각 왕소금에 생살 절이는/
쓰라린 세월 살아 온,/ 홍어 같은 아내를/ 등 뒤에서 감싸 안는다./
간고등어처럼/ 너를 보듬고 싶다.//

– 〈만오 2 – 간고등어처럼〉 전문 –

손시인의 오지랖 넓은 인간미는 부모 사랑 아우 사랑에 더해 아내 사랑으로 이어진다. 유교 전통이 강한 탓에 공개적으로 아내자랑 자식자랑은 팔불출로 격하되기 일쑤여서 글로 쓰기는 좀 멋한 게 보통이다. 그럼에도 손시인은 남은 삶을 ‘간고등어처럼’ 살겠다고 한다. “쓸개 창자 다 빼낸 속 텅 비우고/ 육각 왕소금에 생살 절이는” “쓰라린 세월 살아온 홍어 같은 아내”를 등뒤에서 감싸 안는다. 질곡을 함께 한 조강지처에 대한 미안함과 사랑이 어우러진 작품이다. 〈반추 2 –아내의 잔소리〉는 해학적이다. 아내의 잔소리는 끝이 없다. 양파처럼 아린 맛으로 까도까도 끝이 없지만 “갈수록 단맛나는 여자”인 아내의 쓴(苦)

잔소리를 보약으로 알고 쓰고(用) 또 쓴다(書). 간고등어처럼 진정 안아주고 고락을 함께 해야 할 조강지처이므로.

> 아버지는 "짜게 먹지 말라" 하셨다// 진로상담사 세미나는 ...중략...
> 주선酒仙이 아니면/ 황제가 되고 싶어/임페리얼 둘을 삼경토록 몸에 넣은/
> 즐거운 만남이다// 자다가 깨어/찬물을 마신다/ ...중략...
> 또/ 찬물을 들이킨다/ 밤새 마신 물 주량만큼인가 보다//
> 술이 짠맛이란 것도/ 30년이 지난/ 이제사,/ 아버지 말씀을 깨달았다.//
>
> – 〈만오晩悟 1 – 술맛이 짠맛〉 일부 –

각자 나름대로 술맛을 즐기는 애주가들에게도 술맛이 짠맛이라는 것은 새로운 발견이다. 애주가인 손시인은 어느 날 신선한 만남이 된 진로상담사 세미나에서 밤을 꼴딱 새며 임페리얼(양주) 두 병을 나눠 마시고 대취한다. 밤새 목이 말라 몇 번이고 자다 깨어 자리끼 찬물을 들이킨다. 그게 마신 술의 양만큼이다. '소금 먹은 자가 물켜듯이' 술이 짜지 않고서야 이렇게 많은 물이 들어갈 리가 없다. "짜게 먹지 말라"는 아버님 말씀은 '적당히 마셔라'는 반어적이고도 역설적 표현으로 미각어에 대한 시인의 언어적 감각과 재치를 엿볼수 있다. '술맛이 짠맛' 이라는 것도 30년이 지난 이제야 뒤늦게 깨닫는다. 전 세계 주당들은 명심할지어다. "술맛은 짠 맛"임을…

4. 불교적 사유와 인생 성찰

손시인은 불교 신자이다. 그래서 그런지 작품을 보면 그의 발길 닿는 곳이 대부분 사찰이나 불교유적지이다. 〈반야사에 가면〉 〈향일암 가는 길〉 〈탑사에 가면〉 〈보리암〉 〈석모도〉 〈금오산〉 등이 그 예이다. 불교의 교리를 깊게 모르지만 상식적인 몇 가지를 보면 우선 3법인, 4체, 5온, 6상, 8정도, 12연기설, 108번뇌 , 500나한, 수미산, 3천대천세계와 각종 불경의 이름들이 떠오른다. 부처의 공사상과 중도사상도 핵심이라 할 수 있는데 주로 손시인의 기행시에 드러난 불교적 사유를 살펴본다.

> 동해 바닷가/ 지친 중생 쉬어가는/ 휴휴암,/
> 관음보살 누워계신 곳,/ 남순동자 마주보고 앉아/ 거북이 되어 천년을.//
> ...중략... 바위 연꽃도//
> 주저앉아 지키고 있다/ 쪽빛 동해물이 마르고 닳도록.//
>
> – 〈화석 2 – 인연〉 일부 –

휴휴암(休休庵)은 강원도 양양군 현남면에 있는 불교 유적지이다. 관음보살 누워 계신 곳에 남순동자가 마주보고 있다. 빼어난 바다경치와 기암괴석, 노송, 정자, 갈가마귀떼가 어우러지고 해수관음상이 동해를 굽어보고 있다. 손시인은 이 휴휴암에서 느낀 정서를 불교적으로 노래하고 있다.

> 문수보살이 웃고 있었다/ 입꼬리 보일 듯 말 듯 미소 지으신/ ...중략...
> 고운 살결 배롱가지도 춘흥에 겨워/ 고요한 달이 뜨면 배시시 웃고 있다//
> 염화미소 간절하게 바라보면/ 무거운 속세 오만 시름/
> 물한계곡 맑은 물에 씻겨/ 솔바람에 묻혀 구름처럼 떠나는 것을.//
>
> – 〈반야사에 가면〉 일부 –

반야사는 충북 영동군 황간면에 있는 명찰이다. 월유봉과 물한계곡이 어울어진 경승지이기도 하지만 조선조 세조와 문수보살의 고사로도 유명하다. 세조가 등창이 심해서 휴양지로 치료차 다니며 반야사 중창을 명하자, 홀연 문수보실이 나타나서 세조를 영천으로 인도하여 목욕을 하니 씻은 듯이 병이 나았다는 고사다, 물론 부처나 보살의 영험함을 보이기 위한 설화이지만 불교적인 인연과 인과응보를 말하고 있다. 선인선과(善因善果)요 악인악과(惡因惡果)이다.

세조와 사육신과의 인연이 악인 악과 라면, 세조와 문수보살과의 인연은 선인 선과일 것이다. 선업이든 죄업이든 뿌리는 대로 거두는 自因自果 자업자득일 것이다. 반야사 문수보살의 보일 듯 말 듯한 신비로운 미소, 삼층 석탑과 배롱나무 붉은 꽃이 어우러져 선경이다. 속세의 오만 시름은 물한계곡 맑은 물과 솔바람에 씻겨 구름처럼 사라진다. 여기에 그의 사상은 불교적 사유를 밑바탕에 두면서도 도가적인 자연관을 엿볼 수 있다. 손시인은 반야사의 문수보살을 보고 불교적인 상상의 나래를 펼친다.

굽이치는 섬진강 용출한 백제땅을/ ...중략...
관음보살 미소 짓는 대웅전 뜰에는/ 암 마이 휘어감은 육백 년 능소화/
나라님 오시는 길을/ 목 빼 올려 기다리는 넝쿨손은/ 나그네 발길 묶어놓고/
바람도 세월도 쉬어가라네./ 무상타./ 노승의 뜻 말미암음 찰나가/
엉섥힌 속세 인연/ 영겁으로 환생하네.//

– 〈탑사에 가면〉 일부 –

'탑사'는 전북 진안 마이산에 있는 돌탑이 많은 절을 말한다. 바로 옆이 암마이봉이고 그 위가 숫마이봉이다. 손시인은 탑사에 가서 이렇게 노래한다. "섬진강가에 용출한 백제땅 마이봉이 있는 양지마을엔 연화좌불 옥탑이 하늘 불러 인간도리를 일깨우고" "관음보살이 미소 짓는 대웅전 뜰에는 암마이봉 휘감은 육백 년 능소화" 목빼 올려 기다리는 넝쿨손이 나그네 발길을 묶어 놓는다. 얽히고 설킨 속세의 인연이 무상키만 하다. 시의 대상 즉 객관적 상관물이 사찰이기도 하지만 대부분의 시어나 사유가 불교적 상상력에 바탕을 두고 있다.

나는 바위다/ 남해 금오산에 있다.//
천년을 기다렸다./ 솔을 만났다./ 학도 친구가 되었다.//
물 속에서/ 뭍이 궁금해 나왔다가/ 심술쟁이 파도가 물만 몰고 갔다.//
솔 집이 그리워 놀러 왔다가/ 돌아가지 못하고 포로 되었다.//
많은 새끼 낳고/ 산등성에 엎드려/ 등껍질 드러내고 누웠다.//
사람들은/ 언제 떠날 지, 알 수 없는 길을/ 윤회 바퀴 굴리며/
노자돈 내 등위 얹고/ 오래 머물고파 빌고 간다//
나는/ 금오산 천년 거북이다.//

– 〈화석 2 – 향일암에서〉 전문 –

〈화석 1–향일암 가는 길〉〈화석 2 –향일암에서〉는 여수시 돌산읍 율림리에 있는 전국적으로 유명한 일출조망지인 향일암 기행 시이다. 향일암은 644년 (신라 선덕여왕 13년)에 원효대사에 의해 창건된 것으로 알려져 있으며, 창건 당시에는 원통암이라는 이름으로 불리웠다. 950년 (고려 광종 9년) 때는 이곳에서 수도하던 윤필거사가 금오산의 이름을 따서 '금오암'이라 하였다. 향일암은 낙산사의 홍연암, 남해 금산 보리암, 강화도 보문암과 함께 국내 4대 관음기도 도량 중의 하나이다.

손시인은 이런 설화를 바탕으로 향일암 풍광을 남해 금오산의 천년 거북으로 의인화했다. 거북이 바다속에서 육지가 궁금해 나왔다가 금오산에 오른 후 돌아가지 못하고 거북의 시신이 억겁의 세월에 굳어진 천년바위 화석이라고 유추해내는 시인의 범상치 않는 통찰력이 돋보인 작품이다.

옛날엔 그 이름 보광산이었다/ 보광사가 있던 산/ ...중략...
백일기도 수행정진/ 소원을 이루었네/ 조선왕조 이태조//
현몽일화 양 설화/ 뿔 빠진 데 꼬리 빠져/ ...중략...
비단옷 입는 순간 화려할 뿐,/ 붙인 그 이름 영원하네/ 금산(錦山)//...하략...

– 〈보리암〉 일부 –

손시인의 이 작품은 금산 보리암에 얽힌 이성계의 설화를 바탕으로 하고 있다.

보리암이 있는 경남 남해군 금산(錦山)은 그 수려함이 한 폭의 풍경화다. 고려말 이성계는 새 나라를 건국하려는 꿈을 가지고 남해 보광산 깊은 곳에 기단을 쌓고 소원을 빌고 있었다. 몇 날 기도 중 이성계가 하늘에 맹세하기를 만일 내 소원을 이루게 해준다면 이 산을 전부 비단으로 덮어 세상에서 가장 아름다운 산으로 만들겠다고 다짐하였다. 그 후 이성계는 소원대로 조선을 건국하게 되었는데 보광산 기도 중 맹세했던 일이 생각났다. 그러나 그 넓은 보광산 전체를 비단으로 실제 덮는다는 것이나 하늘에 맹세한 것을 묵살하기도 난감했다. 고민하던 이성계는 삼봉 정도전의 상소를 받아들여 보광산이란 이름대신 산 전체가 비단이라는 뜻의 '금산(錦山)'이란 새로운 이름을 내렸다. 왕이 되리라는 무학대사의 꿈 해몽 "천하유아독존" 전설도 한 몫 했다. 그렇게 해서 금산(錦山)이란 새 이름이 태어났다. 지금도 금산에는 이성계가 쌓았다는 기단이 남아있고 명사찰인 보리암도 기도도량으로 명성이 이어지고 있다.

> 잘라도/ 잘라도/ 돋아나는 새싹// 비워야지/비워야지/
> 참선으로 닦아내지만// 내 안에/ 깊숙이 박힌/ 뿌리 뽑히질 않네.//
> 내 그림자와 이별주 마시는,/ 그 날은/ 온전히 뽑아버릴 수 있을까?//
>
> – 〈반추 5 – 욕망 2〉 전문 –

〈반추 4.5.6〉은 인간의 끝없는 욕망과 욕심에 대한 성찰이다. 잘라도 잘라도 돋아나고, 참선으로 비우려 애써도 죽지 않는 한, 떨치지 못하는 게 욕망이다. 마슬로우에 의하면 인간의 욕구(욕망) 5단계는 '(1) 생리적 욕구 (2) 안정의 욕구 (3) 소속 애정의 욕구 (4) 자존의 욕구 (5) 자아실현의 욕구'까지 보다 높은 단계로 증폭된다. '말 타면 경마 잡히고 싶은 게' 인간이다. 식욕 성욕 수면욕 명예욕 등 차원은 다르지만 욕망이 있기에 인간이며, 또한 한계가 아니겠는가. 인간에 대한 성찰과 탐구가 〈풍경1〉, 〈변명〉, 〈말줄임표〉, 〈무덤〉, 〈자족 –작설차〉, 〈수도산에 올라〉 등은 뛰어난 상상력과 감성으로 깊은 울림을 주는 작품이다.

> 비워서 보여주고/ 비워야 들려지는/ 앙상한 뼈대만으로/
> 추우우욱/ 늘어뜨린 심장 하나/ 달랑을 매달고서/
> 비우고 살라하네/뎅그랑 / 뎅그랑 데앵// … 하략 …
>
> – 〈풍경 風磬〉 일부 –

절간 처마의 풍경은 '뎅그랑 뎅그랑' 바람에 흔들리며 소리내지만 묘한 감흥을 일으킨다. 풍경도 범종도 속을 비워야 소리나는 게 이치다. 우리의 허욕과 욕망을 비우라는 가르침처럼. 허욕을 좇아 인생을 낭비하지 말고 저 풍경, 종처럼 속을 비우듯 마음을 내려놓고 안분지족으로 평안을 찾자는 다짐일 것이다.

> 이런 남자 산에 간다/ 피우던 담배 끊고/ 마시던 술 끊고/ 즐기던 여자 끊고/
> 잘 먹던 밥 끊으면/ 이런 남자 산에 간다.//
> 내가 밥도 먹고/ 아직도/ 술과 여잘 못 끊는 것은/ 산에 가기 싫어서이다.//
>
> – 〈변명 – 산에 가기 싫어서〉 전문 –

사는 핑계를 대자면 '산에 가기 싫어서' 밥도 술도 여자도 못 끊는다. 북망산에 가면 모두 그걸 끊은 사람들뿐이기 때문이다. 개똥에 굴러도 이승이 좋다는 평범한 진리속에 시인의 유머감각과 재치를 엿볼 수 있다. 유한한 인생이라 살아있다는 그 자체가 축복 아닌가.

무덤을 만드는가?// 할 말이 많아도/ 다 못하고/ 줄일 때 쓰는 부호지만
숨기고 싶었던,/ 가슴에 묻어 둔/ 특종 비밀을 간직한 채,
너를 위해,/ 나를 위해/ 점점점/ 무덤을 만드는가!//

– 〈말 줄임표(...)〉 전문 –

할 말을 다했다/ 문장을 끝낸다./ 그러나/다하지 못한 아쉬움, 그리움./
비밀을 가슴에 묻어 둔 채,/ 그러고도/ 땅 속을 파헤치고/ 관 속에 숨긴 몸을/
흙으로 덮은 / 큰 점 하나./ 영원한 무덤,/ 절대 비밀 보장!/ 삶의 마침표이다.//

– 〈무덤〉 전문 –

말 줄임표(...)는 할말이 없거나 말을 줄여서 여운을 남기는 부호이다. 숨기고 싶은 인생의 비밀이나 치부를 드러내지 않고 서로를 위해 말없이 무덤까지 가지고 가자는 약속이다

둥근 봉분의 무덤, 형상 그 자체가 점.점.점 (...) 말없음표의 상징이니까. 구태여 말을 줄일 필요도 없고 아예 멈춘 상태가 죽음이다. 무덤을 보고 문장의 종결부호를 떠올리며 '삶의 마침표'라고 생각해 내는 것은 국어학자가 아니고서는 착상하기 어렵고 놓치기 쉬운 표현이다. 인생 끝막음, 절대 비밀보장, 삶의 마침표(.)다. 마침표를 찍기 전에 우리 인생을 골똘히 반추해볼 필요가 여기에 있다.

5. 맺는 말

지금까지 우리는 손수여 시인의 시집 〈반추〉의 세계를 1. 순수에의 열망이라는 전제로 2. 개결한 선비정신과 역사의식 3. 이순의 늦깨달음, 향수와 가족사랑 4. 불교적 사유와 인생성찰 순으로 살펴 보았다. 〈반추〉라는 말 그대로 이번 시집은 손시인이 이순의 인생을 되돌아보고 심사숙고하며 남은 생을 더욱

알차게 살겠다는 다짐으로 파악되었다.

손시인은 이 시집 인생 〈반추〉를 통해 성실하고 다정다감한 시인, 수필가로서는 물론, 학덕을 겸비한 국어학자로서 우리 문단의 미래를 앞장 서 열어갈 것으로 믿는다. 갑자를 넘긴 인생 중간 점검 보고서와 같은 이 시집에서 손시인의 개결한 선비정신과 역사의식이 충만함을 알 수 있었고 많은 작품들에서 불교적인 사유와 인생관, 애틋한 향수와 못다 한 가족사랑 다짐도 확인할 수 있었다. 특히, '순수에의 열망'이라는 전제는 그의 인생지표를 유추할 수 있는 상당한 작품의 분석을 통하여 얻은 결론이기도 하다. 즉, 그가 갖는 선비정신의 근본은 유가로서 영남학파에 뿌리를 두고 있다. 인생 성찰, 개결한 선비정신과 역사인식은 유가에 있으면서도 작품 전체를 통하여 흐르는 시정신은 불교적 사유와 나아가 무위자연의 경지로 승화시키는 도가의 구도자적 경지에까지 심취하고 있다는 점이다.

이러한 시각에서 손시인의 자연과의 교유, 내면을 깊이 있게 천착해 보지 못한 아쉬움이 남는다. 그렇지만 앞서 네 가지 관점에서 살펴본 바에 의하면 분명한 것은 '〈갈대의 갈노래〉 〈낙엽〉 〈메밀꽃밭 풍경〉 〈백목련〉 〈월유봉〉 〈강천산 늦가을〉 〈노을스케치〉 〈밤 栗〉 〈항주 서호에서〉' 등 이 작품들은 모두가 한결같이 '자연과 인간'의 조화로 자연과의 친화력이 돋보인 수작임을 예견할 수 있었다. 굳이 노자의 '무위자연론'을 설파하지 않더라도 시인이 나무 한 그루, 꽃 한송이, 나뭇잎 하나의 일생과 순환을 통해 삶을 반추해 보려는 물아일체가 된 서정성이 짙은 작품이라는 것을 감히 첨언해 둔다. 이 시집을 계기로 시인의 인생과 작품세계가 더욱 차원 높은 경지로 도약할 것을 축원하며 두서없는 글을 마친다.

손수여 시인

- 문학박사. 계간 「해동문학」, 「한국시학」 신인작품상(제1호) 및 계간 「시세계」 등단.

- (사)한국육필문예보존회 「문예춘추」 〈21세기 문학세계화추진위원회〉 선정 쟝폴 사르트르 문학상 대상(2010).
- 국제교류문단 「미래문학」 제5회 국제교류작가문학상 본상(2011). 제24회 「문예사조」 문학상 본상(2013). 제5회 「아시아서석문학」 문학상 대상(2014) 등 수상.
- 법무부 장관(1996), 교육부 장관(2006), 통일부 장관 표창(2011) 등 수상.

- 한국문인협 본부 문학사료발굴 위원. 국제P.E.N 한국본부 이사 및 대구광역시 부회장.
- 해동문인협, 경기시협, 세계문인협, 문예사조문협, 죽순문학회, 한국시인연대 등 회원.

- 민족통일협의회 대구시주관 전국 초, 중등, 일반부 통일웅변대회 심사위원(2007~2013).
- 통일부 한민족문예작품 공모전 대구광역시 심사위원(2009. 2011. 2012. 2013).

- 대구공업대, 대구미래대, 계명대, 부산대 등 외래교수 역임. 대구대 교수.

- 시　집 「내 아내는 홍어다」, 「웃기돌 같은 그 여자」, 「반추」.
- 수필집 「나누고 싶은 생각」
- 학술서 「국어어휘론 연구방법」, 「현대국어 색상어의 형태. 의미론적 연구」, 「우리말 연구(공저)」 등 6종 외 논문 다수

- 관명은 용주　E-mail. yjson1@daegu.ac.kr